Identidade, Patriotismo e Enraizamento no Séc. XXI

por

Ernesto Milá

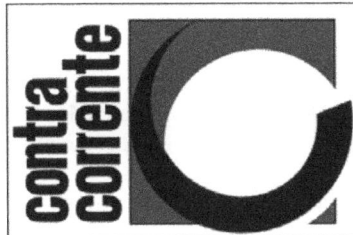

CONTRA-CORRENTE
Lisboa, 2013

Título Original: *Identidad, patriotismo y arraigo en el siglo XXI*
Autor: Ernesto Milá
© 2011, Ernesto Milá

Esta Edição: *Identidade, Patriotismo e Enraizamento no Séc. XXI*
© 2013, Ernesto Milá
© 2013, Contra-Corrente

Esta edição NÃO SEGUE a grafia do Novo Acordo Ortográfico da Língua Portuguesa.

Tradução: Rui Amiguinho
Revisão: Paulo Rodrigues
Capa: Nelson Fonseca
Paginação: Flávio Gonçalves
Impressão: Publidisa (UE) e CreateSpace (EUA)

Produzido e Impresso nos EUA e na União Europeia
Printed in the United States of America and in the European Union

ISBN: 9789899777385

Distribuição:

IAEGCA
Instituto de Altos Estudos em Geopolítica & Ciências Auxiliares
http://iaeg.blogspot.pt

Para obter informação acerca dos preços de compra por atacado e consignações, é favor contactar
distronr@gmail.com

Identidade, Patriotismo e Enraizamento no Séc. XXI

por

Ernesto Milá

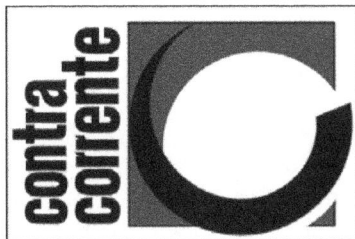

CONTRA-CORRENTE
Lisboa, 2013

ÍNDICE

I

II

III

IV

A família na Europa

V

I

Conceitos básicos

Nacionalismo – Patriotismo

Nação – Pátria

Nacionalidade – Império

Chama-nos a atenção a confusão habitual entre nacionalismo e patriotismo, e o facto de que nem sequer há um consenso mesmo entre a classe política sobre o que é uma "nacionalidade" e as suas diferenças para o conceito de "nação". Cada um entende da maneira que quer, em detrimento do significado real, etimológico e original das palavras.

A modernidade tem, além disso, um outro elemento dominante: a incoerência. Uma escola de filosofia ou uma doutrina política deviam necessariamente – noutro tempo, certamente não na nossa malfadada época – estruturar-se em função da racionalidade e de premissas perfeitamente concatenadas que nos levariam de uns conceitos para outros numa rigorosa progressão lógica. A isto se chamou, num outro tempo, "coerência". Algo coerente é algo consequente que une as posições anteriores e as seguintes numa cadeia harmónica. Para serem eficazes, uma doutrina política ou uma escola filosófica devem ser necessariamente coerentes. E a única forma de alcançar níveis de coerência aceitáveis é atribuindo às palavras o justo valor que lhes corresponde pela sua etimologia e pela sua origem.

Esta introdução serve como prefácio para nos situarmos na antecâmara de uma digressão sobre a Nação, o Nacionalismo, a Pátria, o Patriotismo e o significado e implicações de cada um destes conceitos.

*****

Primeiro existiu o núcleo familiar, logo seguido da tribo e do clã nómadas, e de entre os agricultores sedentários emanou a cidade. Um grupo de cidades e municípios com a mesma origem e características (ou seja, com a mesma identidade) gerou a nacionalidade; quando distintas nacionalidades se organizaram em torno de uma linhagem, apareceram os "Reinos" e, na fase seguinte, surgiu a ideia Imperial: uma elite com vontade de poder e um projecto civilizador situada à frente dos destinos de um povo. Pelo menos, assim foi até à modernidade. Na modernidade tudo isto foi profundamente alterado.

Quando foi que teve início a modernidade? De acordo com os livros de História que nós estudávamos no ensino secundário da década de 60, a "Idade moderna" começou quando terminou a "Idade média", ou seja, no Renascimento e, no caso do meu país, nos Reis Católicos.

A era seguinte foi a "Idade contemporânea", e quanto a esta não há unanimidade: no caso espanhol, para alguns, começou com o desastre de 98[1], para outros com o regime de Franco, e há aqueles que – rigor impõe-se – a fazem remontar à Revolução Francesa. Para nós, a modernidade começa com a irrupção das Nações no desenvolvimento histórico. Sim, porque a "Nação" é um produto recente que irrompe na história com a Revolução Francesa. Enquanto isso, a "Pátria" é algo cujo significado aparece já na *Odisseia* e na *Ilíada,* bem como na história da grande Roma.

Foi necessário conceber esta brevíssima introdução histórica para nos aproximarmos do essencial do problema: nacionalidade, nação e pátria não são a mesma coisa, tal como, evidentemente, tampouco qualquer uma delas é igual à ideia de Império, resultando de forma clara que nem todo o "império" merece a maiúscula. E já para não mencionar entre a exaltação da pátria - o patriotismo - e da nação – o nacionalismo.

---

[1] A 10 de Dezembro de 1898 foi assinado o Tratado de Paris, no qual a Espanha abdicava das suas colónias. Este tratado marcou o fim da guerra Hispano-Americana. (N.T.).

Diferença entre "império" e "imperialismo"

Fala-se com saudável nostalgia do Império Romano ou do Império Austríaco; contesta-se, ao mesmo tempo, o imperialismo "americano" ou o soviético já liquidado, e teme-se o que o chinês possa trazer. Para que haja um "império" deve haver uma cultura para exportar juntamente com a consciência de uma missão e de um destino a mover à escala planetária. É precisamente a superioridade cultural (as culturas, por muito que os amantes do multiculturalismo o neguem, também estão submetidas a uma ordem hierárquica) o que justifica e dá sentido à "vontade de poder" de um Império. Essa mesma vontade, se for desprovida de valores para transmitir, é reduzida à simples brutalidade. A concepção cultural da Grande Roma está anos-luz acima da que apareceu nas Ilhas Andamão[2]. Beethoven e Bach não estão no mesmo nível que a música sincopada africana, da mesma forma como Vermeer de Delf ou Velázquez são superiores ao xamã Africano que pinta o corpo dos doentes para realizar a sua cura. Domina em todo o mundo a lei da desigualdade e da hierarquia. A realidade não é progressiva.

Por isso mesmo, o conceito que podemos reter dos grandes impérios do passado não tem nada que ver com a sua projecção no presente: apesar do que Brzezinsky e os teóricos da projecção "imperial" dos EUA pretendem, este país não é o "reflexo" actual do Império Romano (Brzezinsky chega mesmo a comparar a implantação militar dos EUA com a das Legiões no período da *pax romana*: 250 000 militares em ambos os casos). É exactamente o oposto. Roma foi uma potência civilizadora; os EUA são, por seu turno, uma potência *bastardizadora*. Não difundem cultura no sentido próprio da palavra, mas sim um determinado tipo de "cultura", denominada "de massas". Mas o que acontece é que, no âmbito cultural, a qualidade e a quantidade estão sempre em razão inversa. Uma cultura de massas não é propriamente cultura, mas

---

[2] As Ilhas Andamão são um arquipélago localizado no Mar de Andamão, que integra o Oceano Índico. Fazem parte da Índia. (N.T.).

antes uma série de mitos adaptados para satisfazer as massas. As massas dificilmente criam construções duradouras; precisam constantemente de novas modas e tendências, originalidades e excentricidades, as quais geram situações de instabilidade constante. Roma perdurou por um ciclo de mil anos, mas os EUA dificilmente chegarão aos 225 antes de se desintegrarem. Qualquer semelhança entre Roma e EUA, a existir, seria pura coincidência. Quando um "império" não tem uma Cultura para exportar (atenção às maiúsculas e às minúsculas) não é um Império, nem a sua cultura é Cultura (conjunto de modos de vida e de costumes, conhecimentos e grau de desenvolvimento artístico, científico, industrial, numa época e num grupo social). No caso dos EUA poderíamos, no máximo, falar de "civilização" (entendendo por tal o nível de vida e de desenvolvimento económico-social de uma sociedade) seguindo a distinção Spengleriana[3] entre ambos os conceitos. Roma, pelo contrário, foi uma potência cultural (isto é, com princípios e valores culturais) capaz de civilizar (ou seja, de aplicar estes conceitos para elevar o nível de vida das populações conquistadas).

Julius Evola detém-se sobre este tema em particular em *Homens entre as Ruínas*[4]*:* o Império sê-lo-ia enquanto a sua Cultura tivesse uma "metafísica" como um eixo central (isto é, enquanto intuísse a existência de uma realidade "espiritual" e a possibilidade de aceder a ela situada "para além do físico"). O "Imperialismo", por outro lado, seria apenas uma forma de domínio económico-militar.

Estes conceitos têm muito que ver com as castas dominantes que constroem estes projectos: o Império Austríaco era constituído pela casta guerreira, pela aristocracia e pela pequena aristocracia, e a sua finalidade era "civilizadora" (levar uma cultura a outras terras) e "metafísica" (expandir uma concepção de vida identificada com o

---

[3] Oswald Spengler (1880-1936) tinha uma visão cíclica da História, distinguindo em cada ciclo um período inicial de "cultura" (Kultur) e um período final de "civilização" (Zivilisation). O período cultural era caracterizado pela diferenciação e pela afirmação de qualidades específicas; o período de civilização era de decadência, no qual a afirmação da qualidade era progressivamente substituída pela pura quantidade. (N.T.).

[4] Obra de 1953 na qual Julius Evola propõe uma doutrina de Estado baseada na ideia do Estado orgânico, que está nos antípodas do individualismo liberal e do socialismo colectivista. (N.T.).

catolicismo).

Pelo contrário, o Império Britânico foi um produto da burguesia emergente e gerou-se a reboque da Companhia das Índias da qual a casta militar Britânica não era mais do que uma ponta de lança que facilitava a introdução forçada em mercados e em países fornecedores de matérias-primas... Neste sentido, o império norte-americano pode ser considerado como a sua continuação, repetindo-se o mesmo esquema e mudando apenas a Companhia das Índias pelos consórcios multinacionais, e os lanceiros bengaleses e demais corpos coloniais pelos "marines" (fuzileiros)...

Diferença entre "pátria" e "nação"

"Pátria" e "Nação" são dois conceitos tão antagónicos como o branco e o preto. A "pátria" é a "terra dos pais", ali onde se nasceu e onde estão enterrados os seus antepassados. É uma projecção física da linhagem, do clã, da nacionalidade. O conceito, no mínimo, remonta ao século VI a.C. e aparece no mundo clássico. Indica "transmissão" de um legado que passa de pais para filhos, sendo a missão de cada geração ampliada e engrandecida. Não tem qualquer relação com o "individual", mas sim com o *comunitário:* a família, o clã, a nacionalidade. Tampouco tem a ver com a modernidade, mas está ligado à *tradição* (literalmente "o que se transmite"). Tem também muita relação com o *enraizamento* e a *identidade*: está-se enraizado à terra onde se nasceu e na qual nasceram e estão enterrados os seus antepassados que é, além do mais, a terra na qual irão nascer os filhos vindouros; tem-se uma identidade específica que procede de um conjunto de rasgos antropológicos, étnicos e culturais que indicam a cada pessoa e a cada grupo social o que se é e o que não se é.

Já a nação é um fenómeno essencialmente *moderno*, que aparece na História com as revoluções francesa e norte-americana que, juntamente com a guerra civil britânica anterior e com os Movimentos do Iluminismo e do Enciclopedismo[5], sulcaram as

---

[5] Movimento filosófico-cultural desmembrado do Iluminismo, desenvolvido na França e

linhas de fractura que já se tinham começado a definir nos séculos XVI e XVII, quando os Descobrimentos e o comércio geraram as primeiras acumulações de capital por parte dos banqueiros e comerciantes e estes se sentiram incomodados perante qualquer autoridade superior a eles. Não queriam depender da aristocracia e da monarquia, visto que aspiravam a converter-se eles próprios em poder.

Este processo inicia-se paralelamente com a perda de força da *"fides"*[6] medieval, e, para compensá-la, os novos monarcas tentam amputar os fóruns dos corpos intermédios da sociedade, por forma a reforçar o seu poder, gerando assim um fenómeno perverso principalmente em França com os Bourbon: um processo uniformizador da sociedade que se cristaliza em absolutismo e num despotismo ilustrado.

As nacionalidades que formam os reinos vêem-se pressionadas por um centralismo absolutista emergente, nivelador e igualitário que terá o seu ponto alto após a Revolução Francesa, mas ainda não irromperam as nações. França, Espanha e Reino Unido não são no século XVII, e até à Revolução Francesa, "nações", mas sim "reinos" e estes já não são um conjunto de nacionalidades e estratos sociais ligados por uma "fides", mas sim um aparato central e centralizador de carácter monárquico que tende a assumir cada vez mais funções e a ocupar espaços cada vez maiores de poder. Tais são os traços da fase histórica conhecida como Absolutismo.

Na fase seguinte, quando estala a Revolução Francesa, na medida em que Luís XVIII é guilhotinado e a aristocracia é substituída pela burguesia na cabeça do Estado, o "reino" desaparece e é justamente nesse ponto que surge a "nação", que continua e reforça a tendência centralizadora, uniformizadora e igualitária gerada pela monarquia absoluta. Os revolucionários empreendem-na contra as guildas (expressão organizada da função produtiva ou dos trabalhadores

---

que procurava catalogar todo o conhecimento humano a partir dos novos princípios da razão. (N.T.)

[6] Fides era, de acordo com a mitologia romana, a personificação da palavra dada. Na época medieval, esta servia, no reconhecimento do poder do rei, para firmar acordos, tendo estatuto legal. (N.T.)

organizados em instituições de defesa e transmissão de ofícios; quem assume o poder revolucionário são burgueses, que não estão adstritos a ofícios mas antes ao domínio sobre o capital, sobre o comércio e sobre a especulação, gerando-se as oligarquias económicas actuais), contra as ordens religiosas (impulso anti-religioso da Revolução Francesa, que persegue, proíbe e expulsa os representantes da casta sacerdotal) e contra as ordens militares e a aristocracia que as articulava (na medida em que a casta guerreira era relutante a um entendimento com a oligarquia burguesa: aqueles sustentavam princípios e valores superiores, enquanto estes últimos tinham como únicos princípios o negócio, o lucro, a usura e o benefício). E criam assim outro modelo de sociedade, construída em nome do "cidadão", abolindo esta estrutura trifuncional (baseada em ordens militares, guildas corporativas e ordens religiosas) própria das sociedades indo-europeias que havia prevalecido até esse momento e cuja universalidade em todo o âmbito cultural dos povos dessa origem Dumézil tão bem reconstruiu e demonstrou. A Revolução Francesa contribuiu pois para desfigurar a estrutura trifuncional da qual derivava o essencial da identidade dos povos europeus.

A confusão terminológica surge porque os revolucionários catalogaram o "cidadão" de *infante da pátria* (em *A Marselhesa*, o hino dos revolucionários), mas trata-se somente de uma licença poética sem conteúdo teórico. Quando Robespierre, Marat, Dantón e demais criminosos de 1789 aludem à "*pátria*", estavam na realidade a falar de um valor e de um conceito novo posto ao serviço da burguesia composto pelo individualismo, pelo liberalismo económico, pelo igualitarismo radical, pelas "classes sociais" (definidas segundo parâmetros económicos e de acordo com a sua função no processo produtivo como completará Marx) face aos "estratos" (grupos sociais constituídos segundo uma vocação de carácter, com as suas tradições próprias, as suas funções sociais concretas e interrelacionados entre si - e de forma alguma em luta, ao contrário do que Marx acreditava). A "pátria" da revolução francesa não é a cantada por Homero, nem a experimentada no mundo clássico: é, na realidade, a nação.

O "cidadão" da revolução francesa é o indivíduo sem personalidade própria, exactamente igual a outros cidadãos (como um grão de areia o é entre os demais) que vivencia uma rejeição face a qualquer autoridade superior e recusa toda a autoridade que não proceda da lei do número. A partir de então, o poder tem uma justificação meramente quantitativa, quase material: um 51% governa sobre um 49%, ainda que a maioria seja composta por violadores e criminosos e a minoria por prémios Nobel. Efectivamente, a lei do número da democracia liberal está ligada à "nação" tanto como a burguesia como classe hegemónica e o liberalismo como sistema económico. A pátria, pelo contrário, está vinculada à tradição, à identidade e à terra dos progenitores.

Diferença entre "pátria" e "Estado"

A pátria não está ligada necessariamente a vínculos jurídicos mas sim sociais, a valores e a espaços concretos. Não tem necessariamente nada que ver com o Estado, ainda que também não exista contradição alguma entre "pátria" e "Estado", tudo dependerá do momento histórico em que se aplique: o conceito de Estado variou muito ao longo da história. Um Estado vertebrado por uma casta guerreira não é a mesma coisa que outro em que uma casta sacerdotal tenha dado coerência ou que um que tenha tomado forma com a burguesia como classe política dominante. Neste último caso diz-se que o Estado é a encarnação jurídica da Nação. Mas, na Idade Média era o marco no qual se cristalizava a ideia da *"fides"*, e no tempo em que a casta sacerdotal era hegemónica, estaríamos a falar de uma consolidação teocrática.

A geopolítica da história ensina-nos que nas potências marítimas e comerciais, o Estado sempre foi particularmente débil (Cartago do passado), ou então existiu uma desconfiança da população face ao Estado (como ocorre nos EUA da actualidade). Não obstante, nas potências continentais tem existido uma forte estrutura estatal (Esparta do passado, Roma mais tarde, a URSS no século XX). Não raras vezes, as potências navais tentaram reduzir o peso do Estado para aumentar o papel do comércio (e, dessa forma, o da casta dos comerciantes), ocorrendo justamente o oposto nas potências terrestres.

Diferença entre "nação" e "nacionalidade"

Evola, mesmo em *Homens entre as Ruínas*, defendia que no passado – isto é, no "mundo tradicional" – não existiam "nações", mas sim "nacionalidades". No caso da língua castelhana, basta proceder a uma análise histórica para comprovar que o Dicionário da Real Academia não tem razão quando situa a "nacionalidade" como *"a qualidade dos cidadãos de uma nação"*. É uma coisa distinta, tendo em conta que a "nacionalidade" aparece muito antes do conceito de "nação" irromper na história.

A "nacionalidade", com efeito, tem muito mais que ver com o *império* e com o *enraizamento do* que com a nação. Historicamente, os grandes impérios tradicionais não se podiam articular numa unidade ao estilo do jacobinismo revolucionário ou ao absolutismo nivelador precedente. Eram territórios demasiado extensos e com características próprias para que cada parte fosse "o mesmo" que as outras. A unidade estrutural era "o reino" (desde os míticos reis de Roma até ao conceito de reino que se abre na "Idade Moderna") e, quando o reino manifestava uma vontade de poder, "o império". O reino constituía-se com base nas *fides,* o acto de reconhecimento da autoridade de um monarca, o qual, em troca, reconhecia uns foros concretos (isto é, benefícios próprios a determinada região, cidade ou estrato).

A nacionalidade implicava a existência de uns *vínculos identitários* próprios compartilhados por todos os membros dessa nacionalidade, que geralmente assentava sobre um território comum prévio à sua incorporação no "império". Uma vez incorporados, os territórios continuavam a manter as leis, normas e tradições específicas, às quais se sobrepunham as do Império. A Flandres ou o Franco-Condado fizeram parte do Império espanhol ainda que falando outra língua, tendo outras tradições, desde o momento em que aceitaram as bases sobre as quais assentava a construção do Grande Império Austríaco: defesa do catolicismo, expansão universal de uma cultura católica, missão civilizacional e fidelidade ao Império. Por natureza, os impérios, tal como as monarquias tradicionais, não podiam ser mais que estruturas descentralizadas nas quais cada nacionalidade aplicava e adaptava às suas características os princípios imperiais.

A nacionalidade tinha *acima* de si o Império e *abaixo* as regiões que a compunham. Tudo isto formava parte de um sistema flexível, elástico e perfeitamente adaptável de distintos níveis de identidade à qual somente eram refractários alguns povos exóticos (no caso da antiga Roma, Israel, bem como os povos situados a norte da Muralha de Adriano nas ilhas Britânicas, entre outros, ou seja, povos situados na periferia do Império). Em nenhum caso o conceito de "nação" ou o de "nacionalidade" que se atribuía aos impérios tradicionais tinham algo a ver com o conceito actual que hoje se atribui a estas palavras. Nisto assentou a fraude dos nacionalistas periféricos durante os debates que levaram à redacção da constituição espanhola de 1978: introduziu-se o termo "nacionalidade" no texto, dando a entender que o mesmo se considerava desde um ponto de vista tradicional, próximo a regiões do Estado que dispunham de certa personalidade e características próprias. Só num segundo momento esses mesmos nacionalistas passaram a afirmar que "nação" e "nacionalidade" eram a mesma coisa...

*****

A "nacionalidade" é uma parte de um organismo maior (Estado, Império), tratando-se de um conceito tradicional, enquanto a "nação" é outro conceito essencialmente moderno que substitui o de "Reino" a partir da revolução francesa. Aparece nesse momento o conceito de "Estado-Nação" (o Estado considerado como a encarnação jurídica de uma Nação) e o chamado "princípio das nacionalidades" (segundo o qual um povo que disponha de uma língua própria e habite sobre um determinado território concreto é uma "nação"). Este segundo princípio tende a considerar de maneira excessiva o papel da língua, quando para o conceito tradicional de "nacionalidade" eram precisas muitas outras semelhanças: cultura, passado, antropologia, história, geopolítica, etc. Que terá ocorrido?

Da mesma forma que a lei de ouro que se impõe com a Revolução Francesa em matéria de relações sociais era o individualismo, no terreno político, ao serem destruídas as noções de "Reino" e de "Império", o novo ponto de referência é "material", passando o "cidadão" a ser um átomo social. Cada parte de uma "nação" que dispõe de uma burguesia pujante e de uma língua autóctone, reivindica imediatamente a aplicação do "princípio das nacionalidades" e vê-se a si mesma como uma "nação" que carece de Estado. Com o liberalismo ocorre o mesmo que com alguns minerais que cristalizam em determinadas estruturas geométricas e que basta golpear com um martelo para que se fragmentem em porções cada vez mais pequenas dessa mesma estrutura geométrica, até ao infinitamente pequeno. Começa-se por afirmar que a Catalunha é uma nação e os habitantes do vale de Aran acabam sustentando o seu carácter de "nacionalidade" pois – de acordo com o "princípio das nacionalidades" – dispõem de uma língua própria e habitam sobre um território concreto, sendo, como tal, uma nacionalidade que é… uma nação e que, portanto, é acreditadora da independência.

A partir da instauração do conceito de "nação", o único poder que pode contribuir para manter a unidade do conjunto é a *força*. A Europa é um continente excepcionalmente rico, cujas nações estão compostas desde há pouco mais de 200 anos por nacionalidades que fixaram as suas raízes de forma muito profunda. Os revolucionários franceses de 1789 entenderam que, desaparecidos os rastos da *fides* medieval que haviam ficado de pé depois do absolutismo dos Bourbon, a única possibilidade de manter unida a nação era mediante a força da guilhotina. De forma distinta, o Carlismo espanhol manteve na segunda metade do século XIX na sua tetralogia – Deus, Pátria, Foros, Rei – em terceiro lugar os "foros" concedidos pelos monarcas a cidades, estratos, regiões e… nacionalidades. O conceito de "foros" era para o tradicionalismo espanhol mais importante inclusivamente que a legitimidade monárquica, pois não em vão, o "rei" é o quarto e último termo da tetralogia. Até há bem pouco tempo não se falava "da Espanha" no singular, mas sim "das Espanhas" no plural, reconhecimento da existência das distintas nacionalidades que formavam esse agrupamento "das Espanhas".

Uma vez desaparecida a *fides* e os princípios superiores de carácter civilizacional que mantinham unidos o conjunto dos reinos e dos impérios, restava somente a força para manter a integridade do conjunto. E a força gerava, ali onde se aplicava timidamente, uma reacção contrária encarnada pelos micronacionalismos surgidos, tal como dissemos, em territórios que dispunham de uma burguesia forte e de um idioma próprio. Segundo a lei do equilíbrio que governa tudo o que está no Cosmos, a uma força aplicada em direcção centrípeta, devia seguir outra força centrífuga de orientação inversa.

Diferença entre "nacionalismo" e "patriotismo"

O "nacionalismo" foi definido por José António Primo de Rivera como o *"individualismo dos povos"* e, sem dúvida, esta é uma das suas frases mais bem conseguidas. O nacionalismo não é mais que um impulso emotivo e sentimental – logo, irracional ou, melhor, infrarracional – surgido de sugestões históricas e imposto por complexos colectivos, frustrações, ressentimentos e traumas históricos que tende a ser inevitavelmente agressivo contra o nacionalismo mais próximo e afundar uma nação no isolamento e hostilidade face ao vizinho. Neste sentido, o nacionalismo é um fenómeno beligerante e pouco saudável ("o meu é superior aos dos outros").

O nacionalismo, pela sua própria natureza individualista, não pode ser senão hostil e beligerante face a qualquer outra coisa que não seja o próprio. Seguramente Albert Boadella é quem melhor definiu a essência íntima do nacionalismo quando disse: *"É como um peido que só satisfaz quem o dá"*. Tem graça que os nacionalistas empreendem boa parte dos seus alaridos teóricos em explicar que não são agressivos face a nenhum outro nacionalismo, não obstante os conflitos que tiveram lugar nos últimos 200 anos tenham tido como raiz o exclusivismo nacionalista.

O patriotismo é outra coisa muito diferente: deriva de algo tão objectivo como é a fidelidade à terra e aos antepassados. Assim como o nacionalismo está ligado à exaltação da ideia de Nação e esta à Revolução Francesa e aos seus valores, o patriotismo aparece na história com as civilizações tradicionais da antiguidade a partir do mundo clássico, ou seja, irrompe com um determinado nível de desenvolvimento e de esplendor cultural. O nacionalismo, pelo contrário, não tem nada que ver com a cultura, mas sim com a civilização. AS guerras dos séculos XIX e XX são precisamente isto: tentativas de umas nações em conquistar territórios a outras, para controlar recursos energéticos que possibilitem uma maior pujança das burguesias capitalistas locais, não para expandir modelos de cultura.

O facto é que não há rastos de nacionalismo antes de 1789. Antes, desde a Idade Média, até finais do século XVIII, quando se declarava uma guerra e a população demonstrava o seu entusiasmo não era por *"honra nacional"* mas antes pela *"fidelidade ao Rei e por sua honra"*. Daí que, historicamente, o nacionalismo esteja ligado a um determinado modelo: à burguesia como classe hegemónica, à democracia do número como sistema político, ao liberalismo capitalista como concepção económica, etc. Do paradigma liberal deriva o nacionalismo e a exaltação irracional que expande, em detrimento das nações vizinhas.

Esta ideia é importante: para ser um "nacionalista" consequente é preciso ser jacobino, liberal, defender os valores burgueses, aderir ao capitalismo e à democracia, ou pelo contrário, corre-se o risco de cair na incoerência. Ser "nacionalista" mas antiliberal, ou liberal mas antinacionalista, é simplesmente incongruente. Assim foi como entendeu perfeitamente José António Primo de Rivera, quando em nenhum momento se declarou "nacionalista".

O nacionalismo nunca pertenceu à nossa família política. Na sua forma jacobina foi património da esquerda e na sua forma liberal foio da direita. Começa-se por confundir nacionalismo e patriotismo e termina-se desconhecendo a própria família política. Nunca um império foi "nacionalista" pois não em vão "nação" e "império" são conceitos historicamente impossíveis de encaixar. Voltamos pois, ao princípio: um império não é mais que uma nacionalidade com vontade de poder e projecto cultural superior aos demais.

Coda

Poder-se-á questionar por que, vivendo numa sociedade liberal e democrática, capitalista e governada pelos ideais da burguesia, o nacionalismo espanhol é quase inexistente. Deve-se a vários fenómenos perfeitamente identificáveis e completamente concatenados que tentaremos resumir.

O nacionalismo espanhol que emergiu inicialmente durante o século XIX, especialmente a partir do triénio liberal (1820-23), terminou gerando cinquenta anos depois uma eclosão de nacionalismos periféricos (catalão, basco, galego, andaluz) da mesma forma que um mineral que cristaliza em forma cúbica pode fragmentar-se até ao infinito reproduzindo essa mesma estrutura cúbica em formas cada vez mais pequenas. Isto ocorre justamente no País Basco e na Catalunha, não porque exista maior "consciência identitária", mas sim porque era aí que estava enraizada uma burguesia mais pujante ligada aos processos de industrialização concretos ligados à indústria siderúrgica e têxtil respectivamente. Essa burguesia, quando se sentiu suficientemente forte, quis assumir a totalidade do poder e para ele era preciso que se escondesse da "Nação" originária, Espanha. A partir desse momento, até finais do século XIX, a história de Espanha transformou-se num permanente "vai e vem" de tensões e reconciliações entre o nacionalismo central e o periférico. E é nesse ponto que estamos.

Paradoxalmente, o franquismo, que incluía entre os seus apoios o carlismo e que reconhecia como filiação política a negação da Revolução Francesa, isto é, o jacobinismo acabou sendo um regime jacobino e centralista seguramente como rejeição do separatismo do ERC, Estat Catalá, PNV ou ANV. Alguns dos teóricos do novo regime chamaram a atenção para os rasgos de jacobinismo e para a desconsideração face aos idiomas e traços regionais. Isto faz com que, enquanto outras direitas radicais europeias (a francesa, por exemplo) aceitam o facto regional (nas manifestações da Frente Nacional, por exemplo, estão sempre presentes as bandeiras das diferentes regiões), na espanhola desconfia-se do que pode pressupor a afirmação da personalidade da periferia.

A realidade actual é que as tensões entre "centro" e "periferia" tiveram como resultado final o fracasso do Estado das Autonomias e a aparição de tensões geradas sistematicamente pelos nacionalistas quando o Estado central dava alguns sinais de debilidade.

A extrema-direita e boa parte do centro-direita e do centro-esquerda estão presos a uma lógica distorcida: essencialmente o nacionalismo espanhol e o nacionalismo periférico são da mesma natureza, só que este último é a fotocópia reduzida do primeiro. A superação deste conflito não se produzirá atribuindo a razão a uma ou outra parte, mas sim reconhecendo a origem do problema que surgiu com a transição do "Reino" para "Nação", e na medida em que hoje o conceito de reino tem muito de arcaísmo, é a ideia de "Pátria" a que se tem de agarrar para superar a dicotomia centro-periferia. Porque existe uma "pátria pequena" (a terra onde se nasceu) e uma "pátria grande" (conjunto histórico e cultural no qual nos reconhecemos).

Outro fenómeno agravou esta situação: a perda da tensão ideal do nacionalismo espanhol que, a partir do desastre de 1898 e, ainda mais, depois da Geração de 98, caiu na atonia e cessou a sua teorização. O mundo foi evoluindo e produziu-se um desfasamento especialmente a partir de 1945 quando voltou a paz e o mundo que daí resultou era mais "pequeno" graças aos meios de comunicação de massas e à evolução dos transportes.

Nos trinta anos que se seguiram (de 1945 à crise do petróleo de 1973) produziu-se um crescimento económico constante que elevou o nível de vida e acelerou a concentração de capitais. Vinte anos depois – depois da II Guerra do Golfo, a do Kuwait – o capitalismo já não era o mesmo que em 1945 (capitalismo industrial), nem o mesmo de 1973 (capitalismo multinacional): havia-se convertido em capitalismo globalizante.

A classe hegemónica já não era a burguesia (como no século XIX) mas sim a oligarquia económica que se nutre, fundamentalmente, espoliando as classes médias. Ao mesmo tempo, a "nação-Estado" já não era a dimensão apropriada para gerir o destino de uma comunidade dentro do sistema mundial.

Por outro lado, os Estados-Nação, demasiado pequenos para afrontar os desafios do novo tempo, viram-se obrigados a agrupar-se em unidades maiores (os projectos *Airbus* ou o ciclotrão para desenvolver a energia de fusão, o "caça europeu", etc., superam em muito o orçamento dos Estados de tamanho médio da UE). E, até agora, a crítica dos "nacionalistas" não foi ainda capaz de elaborar uma alternativa a esta situação. O nacionalismo jacobino de hoje segue sendo exactamente o mesmo que aquele dos finais do século XIX, não mudou minimamente, apesar de a sociedade e a situação internacional se terem alterado bastante.

O tempo do nacionalismo faz parte do passado porque constituía somente o impulso emotivo, sentimental e irracional da burguesia média, ligado à democracia liberal e ao capitalismo industrial, fenómenos que, todos eles, já há muito ficaram para trás na história. Por isso mesmo, o Estado-Nação já não é o instrumento adequado para responder aos desafios do século XXI e este declínio é completamente irreversível.

Daí que devamos voltar ao conceito de "Pátria", muito mais flexível que o de "Nação", se queremos dispor de um instrumento útil e adequado para empreender uma mobilização das massas em torno de uma ideia que não é de hoje, mas de sempre. E, em política, somente vale a pena afirmar, defender e sustentar aquilo que existiu ontem, existe hoje e existirá amanhã: ou seja, o que é eterno.

II

11 Teses sobre o patriotismo

Sempre nos chamou a atenção, de forma evidente, esse excesso de actuação em matéria patriótica que empreendem alguns "patriotas", e o desconhecimento sobre o próprio conceito e seus conteúdos que costumam acompanhar a muitos daqueles que a praticam. É triste – senão tristíssimo – defender uma determinada doutrina – neste caso o "patriotismo" – sem saber no que ela consiste e o que implica. Estas notas procuram resumir e definir claramente o que é o patriotismo e responder a duas questões fundamentais: 1) O que é o patriotismo, a sua origem e a sua causa primeira? 2) Qual é o seu futuro no século XXI?

Estas dez teses constituem uma rápida tentativa de classificação dos conceitos com os quais se move habitualmente o movimento identitário.

I parte: a teoria

1ª Tese: O patriotismo é uma virtude do espírito

- A origem do termo "patriota" é suficientemente ilustrativo sobre o seu significado: deriva da união dos términos *patris* e *otes,* indicando o pertencente ou relativo à terra do pai. O seu significado é semelhante ao termo "enraizamento", ou seja, a capacidade de união entre um homem e a terra que o viu nascer. O novelista J.R.R. Tolkien tinha razão ao dizer que *"as raízes profundas não se congelam jamais":* quanto maior é o enraizamento de um homem à sua terra natal maior é a sua capacidade de sobreviver aos desafios da modernidade.

- Há distintas formas de viver o patriotismo. A mais completa é, sem dúvida, aquela que consiste em identificar-se com a terra onde se nasceu e com os seus valores, essa mesma terra onde estão enterrados os progenitores e que é pisada pela comunidade a que se pertence. Isto implica um conhecimento e uma fidelidade em relação aos valores da terra natal, com a sua tradição, com o seu substrato etnocultural, isto é, definitivamente, com a sua identidade.

- O patriotismo não é nem uma emoção nem um sentimento. Qualquer sentimento e carga emotiva que se dá num indivíduo dependem unicamente de processos químicos que alteram os equilíbrios hormonais no interior do seu cérebro. As situações medo, tensão ou euforia surgem de descargas de determinadas hormonas no cérebro. O patriotismo é outra coisa muito diferente e muito mais profunda que uma filia ou uma fobia momentânea que dura o que duram os 90 minutos de um encontro de futebol ou a celebração de uma vitória desportiva, por exemplo.

- É curioso e relevante que, na modernidade tardia, as mostras mais exaltadas de "patriotismo" ocorram nos estádios de futebol e nas competições desportivas onde se produzem fenómenos de hipnose colectiva. As massas são "seduzidas" por uma figura desportiva ou pelas cores de uma equipa, produzindo-se um fenómeno de exaltação irracional e uma descarga de emotividade que estão muito afastadas do patriotismo tal qual foi interpretado nas Cidades Gregas ou na Antiguidade Romana.

- O "patriotismo" que aparece nos estádios não é, em rigor, patriotismo, mas antes um estado de exaltação irracional e emotiva que não surge de uma identificação com a terra natal, mas que é o produto da tensão gerada por um espectáculo de massas que entra dentro do entretenimento e da modernidade de mais baixo nível, muito mais que pelos valores profundos e pelos quais vale a pena viver e morrer.

- Para viver o patriotismo é preciso que o indivíduo identifique e assuma os valores da sua comunidade. Isto implica um certo grau de educação e de compreensão de quais são esses valores. Não se trata de que o patriotismo dependa do maior ou menor nível cultural de uma população, mas da sua capacidade para identificar e assumir esses valores como próprios e transmiti-los no decurso das gerações; o patriotismo proporciona o sentimento de pertença a uma comunidade supratemporal que interliga as gerações passadas com as futuras. E é precisamente por tudo isto que é uma "virtude do espírito", entendendo-se por "espírito" o princípio gerador de carácter íntimo que é a sua essência e a sua substância.

2ª Tese: O patriotismo é a modulação humana do instinto territorial presente nas espécies superiores

- De onde surge esta qualidade de espírito? Para responder a esta pergunta devemos recordar o que é a natureza humana: uma parte de substrato biológico que compartilha com os animais e outra que é o sopro de genialidade superior e de racionalidade, ausente noutras espécies. Tanto partilhamos com as espécies superiores um substrato biológico como partilhamos também os instintos presentes nestas: instinto de reprodução e de prazer, instinto de agressividade e sobrevivência e instinto territorial.

- Estes instintos presentes nas espécies biológicas superiores modulam-se no ser humano dando forma a valores, comportamentos e atitudes concretas e civilizadas. O instinto de reprodução e prazer tem que ver com a sexualidade; o instinto de agressividade passa a ser o valor fundamental do estrato guerreiro e da milícia; e o de sobrevivência é uma síntese dos dois anteriores. Derivam da época na qual o ser humano era caçador-recolector.

- Juntamente a estes instintos modulou-se também o instinto territorial que faz com que uma espécie superior ou um indivíduo pertencente a essa espécie considere determinado território como próprio e esteja disposto a defendê-lo (com o instinto de agressividade) e a sentir-se seguro para cumprir a lei da sua espécie (mediante o instinto de reprodução). Os avanços da etologia desenvolvida essencialmente nos anos 60 e 70 estudaram este instinto e não permitem discutir cientificamente esta conclusão.

- Os instintos são imprescindíveis para a sobrevivência de uma espécie. Se se perdem ou atenuam, isso significa que a espécie que padece deste adormecimento do instintivo corre o perigo de se extinguir. O instinto territorial proporciona-nos a sensação de que o território que ocupamos é inviolável. Qualquer intruso que nele penetre desencadeia imediatamente o instinto de agressividade face à possibilidade de isso constituir um perigo para o nosso instinto de sobrevivência e de reprodução (ou seja, para os nossos filhos presentes e futuros e para a sua segurança).

- Na medida em que a natureza humana é biologia mas vai para além da biologia, tende sempre a modular estes instintos e a dar-lhes um significado muito mais concreto que no meio animal: o "território próprio" é a habitação que possuímos num lugar, é o bairro no qual nascemos, é a região que conhecemos bem, a "terra do coração" e, em considerações superiores, a Pátria e toda a nossa envolvente cultural.

- Se o instinto territorial transferido para o ser humano constitui o gatilho inevitável do patriotismo, é evidente que negá-lo implica negar também a natureza humana ou, no mínimo, desconhecê-la. Daí que tudo o que pressuponha uma negação intelectual do patriotismo seja sempre uma construção teórica desumanizada e despersonalizada que ignora o impacto dos instintos na nossa natureza.

3ª Tese: O patriotismo é completamente diferente do nacionalismo

- Existe a tendência de confundir "patriotismo" com "nacionalismo". Historicamente, o "nacionalismo" aparece com a nação e esta constitui-se numa etapa recente da história (o último quarto do século XVIII com a Revolução Americana e a Revolução Francesa). A transformação dos "reinos" em Estados-Nação e a substituição do vínculo de fidelidade para com a figura do Rei pela doutrina dos Direitos e Deveres do Cidadão implicou incorporar no conceito de "nação" e no seu derivado "nacionalismo", uma carga ideológica que dependia precisamente do marco intelectual no qual se produziu a transformação dos Reinos em Estados-Nação: a ideologia liberal.

- O "nacionalismo" está intimamente ligado a uma série de fenómenos históricos concretos: o advento da burguesia como classe hegemónica, a revolta do burguês e do comerciante contra as aristocracias guerreiras, a democracia como forma política, o liberalismo como sua tradução económica, e o individualismo como forma de conceber o mundo. Não há outro nacionalismo que o vinculado a todas estas tendências que aparecem num momento recente da história, perfeitamente identificável (a partir da revolução francesa na Europa).

- No que se refere ao patriotismo, a sua origem perde-se na infinidade dos tempos mais longínquos. Se bem que no mundo clássico já exista esta concepção, tudo indica que em formas de civilização anteriores já estava presente.

- Fundamentalmente, o nacionalismo aspira à hegemonia da própria nação frente a todas as demais e tal como Napoleão no caso francês, aspira a impor os valores da ideologia burguesa por todo o mundo. Por isso todo o "nacionalismo", numa fase posterior é em certa medida "inter-nacionalismo" na medida em que assume uma tarefa missionária de extensão dos seus valores nacionais a toda a órbita terrestre.

- O patriotismo é exactamente o contrário. Sabe qual é a sua terra e que valores lhe correspondem. Basicamente os regimes patrióticos têm três vertentes que tendem a enfatizar: a preservação da soberania e da unidade do território; o culto aos heróis e aos antepassados como formas de unir o passado com o presente e projectá-lo no futuro; e, finalmente, conservar os valores próprios qualificados como "valores pátrios". Não há pois, no patriotismo, forma alguma de expansionismo, nem de imperialismo. Aspirar a dominar esta ou aquela nação carece de sentido para um patriota, interessado unicamente naquela terra onde estão enterrados os seus antepassados e onde se encontra a forma de vida que conheceu desde o seu nascimento.

- Na medida em que se definiu o nacionalismo como o individualismo dos povos, os choques entre nações foram uma constante nos séculos XIX e XX, que podem ser considerados em rigor como os séculos das lutas nacionalistas, quando cada nação quis impor-se sobre o seu vizinho e afirmar a sua existência, fundamentalmente por interesses económicos, na medida em que a classe hegemónica nos Estados-Nacionais é a burguesa e a comerciante. Esta tendência apenas cessou quando a própria dinâmica do sistema liberal-capitalista acabou por considerar que os interesses oligárquicos do sistema são hoje melhor defendidos no âmbito de um mundo globalizado no qual a ideologia dominante seja o "humanismo universalista" difundido pela UNESCO; a economia deixou de ser liberal para ser financeira, a cultura passou a ser entretenimento e o Estado-Nação vai-se dissolvendo progressivamente e vê limitada a sua soberania pela oligarquia financeira internacional.

4ª Tese: O patriotismo situa-se para além do racionalismo e do irracionalismo

- Da mesma forma que o nacionalismo está vinculado à ideologia que arranca com o racionalismo cartesiano, prossegue com o Iluminismo e está presente no romantismo alemão, o patriotismo situa-se fora das correntes ideológicas: é simplesmente um instinto humano derivado do instinto territorial próprio dos animais superiores.

- O patriotismo não é pois, desde logo, uma forma de racionalismo (doutrina que sustenta que tudo é real e racional e só o racional pode aspirar a ser real, portanto tudo o que é material é, por conseguinte, real, e não existe outra realidade para além da material), mas também não é irracionalismo, nem muito menos emotividade e sentimento. O patriotismo é uma sensação mensurada e objectiva na qual o sujeito se identifica com a terra e com a comunidade que reside sobre essa terra, assim como com os seus antepassados que ali estão debaixo dessa mesma terra. A sua origem remota é o substrato biológico modelado pelo génio humano.

- Em momentos de forte mudança social, científica e cultural, onde a adaptação contínua à corrente das inovações se torna cada vez mais difícil, é quando o enraizamento e o patriotismo se configuram como os únicos valores capazes de manter a cadeia entre as gerações.

- Ao situar-se no terreno da instintividade (que é um automatismo do comportamento), o patriotismo é uma reacção sã e uma base sólida para o desenvolvimento das comunidades e um mecanismo que lhes dá coerência e continuidade geracional, situado acima das ideologias e das concepções próprias de cada indivíduo. É um denominador comum presente em todas as estruturas horizontais e verticais da sociedade e, portanto, um factor de estabilidade, coerência e ordem social e política.

II parte: a prática

5ª Tese: O patriotismo é coisa de todos

- O ar é algo que é de todos: a todos pertence e todos podem utilizá-lo. Não existe um "partido do ar" ou um "partido do ar com odor a limão". O patriotismo é uma virtude cívica normal, tão normal como o ar que respiramos.

- Algo que é de todos, que pertence a todos, e que em situação normal todos nós deveríamos experimentar – o patriotismo -, não se pode confundir com uma *facção*[7]. A etimologia das palavras ajuda a compreender o seu significado: a facção é o que pertence a quem está por detrás de uma bandeira. O nexo etimológico entre bandeira e facção é o mesmo que existe entre facção e bando, cuja última etapa é a consideração do bandido, ou seja, do que pertence a um bando... ou facção. Um bando é sempre "facção, partido, parcialidade" e assim o define o dicionário da Real Academia Espanhola. *O patriotismo não pode ser património de uma facção da população mas antes, como o ar, é algo que pertence a todos os filhos de uma mesma pátria e na qual todos se devem reconhecer de maneira natural.*

6ª Tese: O patriotismo não é nem pode ser um ímpeto de identificação política

- As facções constituem um termo que se aplicou entre os séculos XV e XVI nas lutas fraccionárias (são famosas na Catalunha as lutas entre as facções dos *nyerros* e dos *cadells*[8] ou as lutas entre grupos

---

[7] O autor faz aqui, numa abordagem etimológica, um jogo de palavras com as três expressões: *bandería – bandeira – banda*, que perde o efeito original na tradução para o Português, pelo facto de não existir na nossa língua uma palavra próxima (fonética e gramaticalmente) para tradução de *bandería*. (N.T.)

[8] Os *nyerros* constituíam uma facção político-civil-militar franco-catalã surgida no século XVI, formada por bandoleiros e camponeses da classe média, que representavam metade da classe nobre da época. Defendia os interesses e territórios dos senhores feudais e estava em contínua confrontação com os *cadells*, que eram outra facção que defendia a outra parte dos nobres e das classes urbanas. (N.T.)

de bandidos das que fala Cervantes em *Dom Quixote*. O equivalente moderno e compreensível das facções seriam os partidos políticos.

- Daí que exista uma contradição flagrante quando alguém define a sua facção (hoje partido) como "partido patriota". Chama-se a isso um "oximoro", ou seja, a combinação de dois termos em si mesmo contraditórios: *se o "partido" é parte, fracção, não pode ser "patriota" na medida em que o patriótico é algo comum a todos e relativo à totalidade de uma comunidade e a todos os seus membros.*

- A pátria não pode estar dependente da luta entre as partes nem faz qualquer sentido que uns a utilizem contra os outros. Quando uma sociedade chega a este extremo, essa sociedade já perdeu a noção do que é o patriotismo. Se o patriotismo goza, até agora, de boa saúde em países como os EUA é, na medida em que os dois grandes partidos políticos estão identificados com ele sem matizes e distinção. Este apenas entrou em crise onde tenha sido utilizado por um sector da comunidade nacional para atacar outros.

7ª Tese: A falta de patriotismo deriva do racionalismo extremo, extrema negação do humano

Nem todos vivem o patriotismo com a mesma intensidade: desde formas mais relaxadas até formas extremas e afectadas de patriotismo, existe toda uma gama de matizes do mesmo instinto. Isto é algo normal na medida em que a diferença está na lei que preside o humano. Não é pois estranho que alguns tenham o patriotismo à flor da pele e outros o vivenciem somente em situações extremas. Contudo, há limites.

- Por um lado, a negação de todo o patriotismo que pratica a esquerda anarquista ou os impulsionadores do humanismo universalista, para quem o "natural" é um "governo universal" e o sentir-se "filhos de uma só terra" pois a "raça humana nasceu sem fronteiras"... Trata-se de uma falácia e inclusivamente de uma deformação do espírito: a "raça humana" nunca existiu; existiu sim o "género humano", dividido este em "raças" e estas em "povos", em "tribos" e "comunidades". Cada um destes elementos teve e tem os seus vínculos de identidade inegáveis. Por outro lado, as fronteiras sempre existiram. Tendem a ser produto de condicionamentos geopolíticos (os acidentes naturais que muitas vezes definem as fronteiras sempre existiram: os Pirinéus, o Reno, os Andes que separam a Argentina do Chile como que se traçados a giz) ou geohistóricos (fronteiras resultantes de pactos, tratados, alianças dinásticas, etc.). Na realidade, as fronteiras nunca são gratuitas: têm sempre uma razão de ser e contêm no seu interior povos que se desenvolveram até alcançar vínculos identitários precisos. Os que sustêm estas curiosas doutrinas anarquistas são indivíduos que – tal como se produz também, em certo sentido, no outro flanco do espectro político, na extrema-direita – confundem Nação, Pátria e Estado. Para a extrema-esquerda a "nação" é uma criação da burguesia (o qual é rigorosamente exacto) que esta utiliza contra a classe trabalhadora graças ao aparelho coercivo do Estado... E a Pátria? Para a anarquia "pátria" e "nação" pressupõem pouco mais ou menos o mesmo. O anarquismo somente se instalou em sectores do movimento trabalhador com ânsias de revanche social ou em intelectuais extremamente iluminados perdidos num universo de teorias intelectuais e de um racionalismo extremo (cujo limite foi o positivismo do século XIX) ... que, simplesmente, os fez perder a instintividade.

- Se para Descartes todo o real é racional e só o racional é real, resulta como facto comprovado que a instintividade, que é o espaço próprio do patriotismo, carece de realidade tangível. Se, para cúmulo, o materialismo atribui somente realidade ao material, nega necessariamente a existência e a compreensão do patriotismo. Contudo, dentro do marxismo, o patriotismo reapareceu uma e outra vez e os seus teóricos acabaram por reconhecer a diferença entre "nacionalismo burguês" e o "patriotismo proletário". O próprio comunismo teve de renunciar à existência de uma "Internacional" submetida sempre a tensões nacionais. A distância chino-soviética teve também que ver com isto e, mesmo hoje, o comunismo cubano é um regime que prima pela exaltação e manipulação do patriotismo da sua população.

- A modernidade, por outro lado, criou uma capa isolante entre o ser humano e a terra que o viu nascer; esta "capa" impede-o de experimentar o sentimento patriótico e está formada precisamente pelas atitudes materialistas e pelo individualismo que surgiu da revolução francesa, que foi diluindo a sensação de pertença a uma "comunidade". Finalmente, o tipo humano individualista acabou por perder progressivamente a percepção dos seus saudáveis instintos, refugiando-se na esfera privado. Daí que a actual patologia de civilização apresenta como um dos traços mais surpreendentes a inibição do indivíduo face a todos os instintos que poderiam assegurar a sua sobrevivência: dificuldades na procriação (negativa a experimentar o instinto de reprodução e os rasgos da sexualidade normal), dificuldades em considerar que uma comunidade deve defender-se (pacifismo, ou seja, negativa a experimentar o instinto de agressividade) e negação do instinto territorial (atenuação crescente do patriotismo).

8ª Tese: Os desvios e os exageros prejudicam o patriotismo

O patriotismo sobredimensionado gera uma série de desvios que pouco ajudam o patriotismo e tendem a caricaturá-lo, derivando em formas degeneradas de patriotismo. Entenda-se por "sobredimensionamento" uma afecção contínua e doentia que, como qualquer obsessão, bloqueia o sujeito e faz com que quaisquer outros aspectos da realidade se tornem subordinados, asfixiados e afogados por essa percepção do patriotismo. Em geral este sobredimensionamento pressupõe uma adulteração da consciência patriótica e uma aproximação ao nacionalismo. Enquanto "individualismo dos povos", o nacionalismo não concebe que cada qual possa viver o nacionalismo de uma maneira diferente. O nacionalista vê rivais, inimigos e adversários naqueles que lhe apresentam o próprio nacionalismo e o impõem. O patriota, por sua vez, sabe que o cidadão de outro povo experimentar a mesma sensação de apego à terra natal que ele e, portanto, torna-se fácil estabelecer pontes e inclusivamente aceitá-lo como amigo, encontrando pontos de contacto com ele, principalmente se existe uma contiguidade antropológica e cultural em vez de uma brecha entre as duas comunidades. A relação entre patriotas espanhóis e portugueses não pode ser a mesma que entre espanhóis e marroquinos. Os gregos já ridicularizavam aqueles que argumentavam que a lua brilhava melhor em Atenas do que em Esparta.

- Os excessos do patriotismo revestem, fundamentalmente, três formas: chauvinismo, jingoísmo e tribalismo.

●O *chauvinismo* em França (patrioteirismo em Espanha) é uma percepção narcisista da própria comunidade considerada como "insuperável" em qualquer aspecto. É feito com partes iguais de paranóia (a sensação de que a Nação está constantemente ameaçada por perigos imaginários), mitomania (a construção de uma "história nacional" amputada de todos os aspectos problemáticos) e delírio de grandeza (que frequentemente surge como resposta e sublimação de complexos de inferioridade ou frustrações).

●O *jingoísmo* é outra forma de patriotismo exaltado e agressivo que justifica aventuras e guerras de conquista no exterior. Neste sentido, por exemplo, George W. Bush foi um *jingoísta*, termo originariamente cunhado no século XIX. É um termo próprio do mundo anglo-saxónico que se aplica especialmente ao expansionismo militarista. Nasceu no contexto do império britânico e incluía uma ideia de superioridade racial e cultural que foi defendida tanto por trabalhistas como conservadores. Nessa época, os ingleses retroalimentavam esta ideia com as posições hostis dos demais impérios europeus. O termo procede de uma canção cantada durante a guerra de Crimeia: *"Não pelejaremos mais que por Jingo"*.

●O *tribalismo*, por sua vez, sugere que todas as manifestações de um pequeno grupo social (uma tribo) são superiores às de qualquer outro. O tribalismo aparece em especial nas comunidades de carácter minúsculo que experimentam uma sensação de insegurança ao fazerem fronteira com outras maiores. A partir desse momento tentam exaltar os seus "traços distintivos" até extremos exagerados e fazem todo o possível por aumentá-los ainda mais.

- Estes três "desvios", na realidade, correspondem mais ao nacionalismo do que ao patriotismo e aparecem essencialmente com os Estados-Nação, o liberalismo, o individualismo, as burguesias nacionais e a economia liberal na sua fase industrial. Todos eles são formas exageradas da tendência natural de serem filhos fiéis da pátria que a cada um nos corresponde por origem.

9ª Tese: Politizar o patriotismo é matar o patriotismo

- O patriotismo posto ao serviço de um partido político mata sempre o patriotismo e fá-lo património de uma parte, tal como frisámos anteriormente. Frequentemente, esta forma caracteriza-se por atribuir um *slogan* ao patriotismo: patriotismo constitucional, patriotismo entendido como adesão a uma pessoa física, patriotismo social, etc.

●O *patriotismo constitucional* é o *slogan* improvisado pelo Partido Popular durante o período de Aznar para opor-se aos focos secessionistas, principalmente o basco. São dois termos que nada podem ter a ver um com o outro: o patriotismo não está ligado a nenhuma forma política, podiam senti-lo – e de facto sentiram-no – os soviéticos que lutavam naquilo a que chamaram "grande guerra patriótica" contra os alemães, sentiram-no os romanos durante as suas festas e celebrações e sentiram-no os conquistadores espanhóis desde Pizarro até Cascorro. As Constituições constituem um fenómeno relativamente recente (não mais de quatro séculos) e trata-se de normas que aspiram a ser perpétuas mas que na prática, salvo excepções, duram normalmente apenas algumas décadas, até que outra a substitua. Resulta ser impossível unir o permanente (o patriotismo) ao transitório (um texto Constitucional).

●O *patriotismo entendido como adesão a uma pessoa física* é uma das formulações mais habituais e modernas que reveste a politização do patriotismo e que se encontra com frequência na sua ampla degeneração para o nacionalismo. Quando Jordi Pujol se sentiu atacado pelo escândalo da Banca Catalã, tentou galvanizar a população local, exaltando o nacionalismo e argumentando que "atacavam a Catalunha". O Zapaterismo considera igualmente que qualquer coisa que não seja apoiá-lo na sua gestão autista e desintegradora pressupõe uma "falta de patriotismo". E, claro está, o Franquismo jogou, especialmente nos seus derradeiros anos, a transposição da figura de Franco à de Espanha: a imprensa de Setembro de 1975, por exemplo, acusava a quem se manifestasse contra Franco por causa dos fuzilamentos de 5 terroristas da ETA e da FRAP, de "atacar a Espanha". Na realidade esta tendência pressupõe a continuação da ideia anterior à Revolução Francesa segundo a qual a figura do Rei era considerada como o símbolo de toda a comunidade. Atacar a figura do Rei pressupunha atacar o Reino e, assim sendo, a população considerava-o como um ataque a algo seu. Derrubadas as monarquias tradicionais, restou sempre o recurso de identificar abusivamente a figura de qualquer líder com a totalidade da pátria.

•Por último, o *patriotismo social* é o resultado dos intentos de construir uma nova roupagem para a extrema-direita, tratando de acentuar o carácter social desta. O termo surge como substituto de outros habituais nos anos 30 que acabavam por indicar o mesmo: nacional-sindicalismo, nacional-socialismo, nacional-fascismo. Depois de uma década a utilizar esta combinação de patriotismo social, quem sabe não tenha chegado a hora de reconhecer que não produziu o efeito esperado, e que não moldou minimamente a mentalidade da população. A que se atribui este fracasso? Em princípio porque se trataria de uma tautologia, algo que se afirma a si mesmo duas vezes: *enquanto identificação de todo um povo com as suas raízes, o patriotismo é, por si mesmo, social, e pressupõe que todos os habitantes de um mesmo território constituam parte de uma comunidade que, enquanto tal, formam um todo com os seus líderes e estes têm a obrigação de velar pela ordem social, pela segurança e pelos direitos da população dado que somente assim essa comunidade se menterá unida e prosperará.* Quando um patriotismo não é, por si mesmo, social, deixa de ser patriotismo e converte-se em impulso oligárquico, isto é, na identificação não com as raízes de um povo e de uma terra, mas antes com os interesses das aristocracias económicas. Aludir ao patriotismo social é esquecer que todo o patriotismo é, por definição, social, e deixa de o ser no momento em que uma oligarquia pretende "administrá-lo".

- Daí que o patriotismo não possa nem deva ser jamais utilizado como bandeira política, sob pena de se ver desvirtuado e instrumentalizado ao serviço de uma determinada facção. Quando os cidadãos de uma comunidade deixam de se ver como membros dessa mesma comunidade e começam a discutir sobre as "cores" do seu patriotismo, significa que essa comunidade já perdeu o instinto patriótico e está descendendo pelos escalões que levam do patriotismo ao nacionalismo e deste, como reacção (por causa das tragédias que deram origem às suas formas jingoístas, chauvinistas, patrioteiras e tribalistas, nos séculos XIX e XX, séculos das guerras e lutas nacionais) ou é conduzido à negação do patriotismo ou à sua substituição por formas de internacionalismo.

10ª Tese: Não é o patriotismo que define uma opção política mas sim a ideia de "Identidade"

- É evidente que há partidos políticos que defendem melhor ou com mais ênfase que outros o ser, a manutenção e a vigência de uma Nação-Estado. Contudo seria perigoso considerar que esses partidos são "patrióticos". Serão mais "patrióticos" que outros, na condição de se aceitar que em todos os partidos existem, em maior ou menor densidade, "patriotas".

- Esta discussão é particularmente virulenta na extrema-direita e chega a alcançar o limite do absurdo: nenhum partido – sustentam – defende a unidade da pátria e a integridade do Estado... salvo os partidos "ultra-direitistas". Lamentavelmente, esta posição não explica o porquê da Espanha continuar a ser uma unidade quando estes partidos, no seu conjunto, arrastam apenas 40000 votos em toda a Espanha... Contrariamente ao que se tem tendência a crer na extrema-direita, em todos os partidos políticos existem formas de patriotismo e pessoas que defendem a integridade e a prosperidade da pátria (muito mais questionável é que as suas tomadas de posição façam algo mais que defender os seus próprios interesses).

- Se a extrema-direita enfatiza esta ideia – evidentemente deformada – é porque busca desesperadamente um "rótulo" ideológico que possa substituir as velhas doutrinas que defenderam e crêem tê-lo encontrado no patriotismo. Mas algo que está presente em maior ou menor medida em todas as forças políticas, dificilmente pode ser um paradigma credível para definir o próprio. A extrema-direita frequentemente leva bandeiras nacionais para a rua... esquecendo que o PP leva muitas mais. Assim sendo, nessa medida, o erro que consiste na tentativa de politizar o patriotismo, une-se a um segundo erro consistente em tratar de rivalizar com o PP, cujas manifestações incomparavelmente mais participadas que as da extrema-direita registam uma elevada concentração de bandeiras nacionais.

- Na sua busca de um paradigma que defina a sua doutrina, a extrema-direita equivocou-se no alvo e confundiu os termos. Com efeito, para se diferenciar do PP e do seu patriotismo constitucional, tende a actuar em excesso num terreno no qual não pode competir e onde os excessos de actuação conduzem unicamente ao ridículo.

- O patriotismo é um instinto e o nacionalismo um produto das Revoluções Liberais dos séculos XVIII e XIX. O primeiro é, como dissemos anteriormente, coisa de todos e o segundo é apenas uma projecção da ideologia liberal, isto é, de outra família política. Assim sendo, há que recorrer a outra terminologia que tenha utilidade pública e que não esteja em contradição com as próprias origens.

- A ideia de "identidade" e de "identitário" é provavelmente a que melhor se adapta às exigências de uma luta política na Europa do século XXI. E isto por vários motivos:

•A Identidade pode ser definida como um conjunto de traços próprios que caracterizam um povo. Assim sendo, situa-se num terreno diferente do patriotismo. Enquanto este é um fenómeno não político, um instinto imaterial e uma virtude cívica, a sensação, o orgulho e a certeza de pertencer a uma comunidade; o identitário apoia-se no substrato antropológico e cultural, em experiências históricas passadas e em tradições surgidas com a evolução do tempo. E este substrato pode ser compreendido a partir de diferentes perspectivas. O patriotismo é próprio do lugar onde se nasceu. No entanto, ao referirmo-nos à identidade veremos que existem níveis distintos de identidade: um é o afecto à região na qual nascemos, outro ao Estado ao qual pertencemos e, por fim, o afecto à dimensão Europeia. Estes três níveis de identidade, longe de estarem em contradição, tendem a complementar-se e constituem algo que frequentemente apareceu na história da Europa: Região – Nação – Europa.

•A região ou comarca, que em Espanha se apelida de "pátria-mãe" e em França a "pátria carnal", o lugar onde nascemos. Alguém com um mínimo de sensibilidade poderia negar que nos sentimos apegados ao meio envolvente que nos viu brotar para este mundo? E mais: quem não aprecia a terra onde nasceu não se pode considerar patriota pois, como é evidente, essa terra é parte da Pátria.

•A Nação formou-se a partir de um longo processo histórico e substituiu o "Reino", sendo hoje uma realidade porque os processos históricos nunca engatam a marcha-atrás e, tanto o Reino como as estruturas feudais que o constituíram ficaram para trás e jamais voltarão. A Nação é a realidade através da qual se organiza o Estado.

•Enquanto a Europa é depositária de três camadas culturais: o mundo clássico greco-romano, a catolicidade medieval e o mundo nórdico-germânico que, como resultado das migrações de populações chegadas do Norte e do Leste para Sul e Oeste, tenderam entre todas a dar ao continente um grau de homogeneidade etnocultural muito mais vincado a partir do momento em que o comparamos com outros blocos (o mundo árabe, o mundo oriental, o mundo andino, o mundo negro). Desde que, a partir de 1945 e durante a Guerra Fria, se evidenciou que determinados problemas não mais podiam ser resolvidos através da dimensão nacional, foi preciso recorrer à convergência europeia. Se hoje se encontra em boa medida estancada é porque, impulsionada por plutocratas, esqueceu-se de recordar estas bases históricas e culturais.

•Ao contrário do patriotismo que é inquestionável e depende somente de coisas vivas e da nossa instintividade, o identitário é vincadamente um *slogan* político: ninguém contesta nem ninguém pode fazer uma bandeira política da pátria onde estão enterrados os antepassados e na qual nasceram os filhos. A pátria não se discute, a pátria assume-se como um facto natural comum a todos. No entanto, os processos identitários são susceptíveis de poderem ser interpretados segundo distintas formas políticas: será este o momento de rever os estatutos da autonomia? Deverá reduzir-se o número de autonomias em Espanha? Qual deverá ser o futuro do Euro ou da União Europeia? Quais os valores clássicos que deverão ser evidenciados com mais vigor? Existe ou poderá existir uma defesa europeia comum? Todas estas questões são susceptíveis de interpretações distintas e cada um é livre de adoptar as que melhor convêm ao seu projecto político: umas tenderão a diluir a identidade nacional, outras a aumentá-la, umas serão centrífugas, outras centrípetas, umas enfatizarão mais a ideia Europeia, outras insultá-la-ão. Assim é a política: choque de vontades, de projectos, de identidades. A pátria está noutro sítio...

11ª Tese: O patriotismo no século XXI é um baluarte contra a globalização

- Paradoxalmente, o Estado-Nação nascido do liberalismo dos finais do século XVIII e princípios de XIX foi superado e é hoje atacado pelos descendentes dos que o fundaram. Com efeito, a burguesia liberal formada naquelas épocas via no capitalismo o instrumento para multiplicar os seus benefícios, na democracia o sistema político para afirmar a sua hegemonia no que respeita às aristocracias e às monarquias e no Estado-Nação o seu marco de aplicação. Mas, para o grande capital e para a oligarquia financeira actual, a realidade é outra: por motivo dos processos de acumulação de capital e financiamento da economia, por razão da insensata busca contínua de benefícios, o modelo Estado-Nação já não servia para as novas elites económicas que idealizaram a globalização como etapa posterior ao Estado-Nação.

- Hoje, o principal inimigo de cada Estado-Nação não é a Nação vizinha, mas sim a globalização. E é fundamental reter este princípio, porque caso o sistema mundial sobreviva à grande crise iniciada em 2008, somente poderá fazê-lo à custa das nações e dos povos, impondo-se sobre eles. Deste ponto de vista tudo o que debilita a globalização (processo económico) e a mundialização (processo político-cultural) pode e deve ser utilizado como recurso.

- E isto apenas se pode fazer à custa da depuração do Estado-Nação das tendências "nacionalistas" e das tendências mais extremistas do "individualismo dos povos". Normalmente os grandes processos de acumulação de capital produziram-se a partir de guerras e conflitos nacionais, exacerbadas pelos nacionalismos. Hoje, a oligarquia económico-financeira internacional, encarregar-se-á de provocar novamente o despertar de guerras localizadas capazes de reanimar a produção industrial e de gerar extraordinários benefícios para sair da crise actual. Não é pois o nacionalismo que lhes convém, nem exaltações chauvinistas, nem muito menos irrupção de tribalismos dentro das Nações-Estado.

- O que lhes convém é: *por um lado tender à formação de blocos económico-políticos com a dimensão viável para sobreviverem como espaços de economia auto-suficentes sem interferências da alta finança internacional. E por outro lado, estimular o patriotismo e os sinais de identidade dos povos.*

- Um povo com personalidade própria é um povo que jamais será esmagado pela globalização. Uma comunidade de povos com tecnologia, recursos e população, é uma comunidade que sobreviverá e estará em condições de se emancipar do processo globalizante.

- O patriotismo é, neste contexto, sem dúvida, um dos pontos essenciais desta recuperação da liberdade dos povos face ao jugo globalizante. Um patriotismo depurado da sífilis nacionalista e dos excessos chauvinistas ou patrioteiros, capaz de unir num projecto essencial a vontade dos cidadãos, talvez não seja suficiente para derrotar a globalização, mas é necessário. Pois na verdade, se a globalização se caracteriza por uma nivelação e por uma perda de identidade dos povos e das nações, o patriotismo é a garantia de recuperação do contacto com as nossas origens e o trampolim sobre o qual devemos afirmar a nossa identidade.

III

Enraizamento e doutrina do enraizamento

O ser humano, para poder explorar ao máximo as suas potencialidades, precisa de estar "enraizado" na sua terra natal. O ser humano não constrói a sua vida sobre o vazio: precisa de pontos de referência e de âncoras que estejam implícitos desde o momento do próprio nascimento. Estes constituem-se num território, no seio de uma célula familiar que desenvolve a sua existência sobre essa mesma base geográfica, pertencente a uma linhagem que viu sucederem-se gerações sobre essa mesma terra natal. Há que entender, pois, o enraizamento como um sistema de referências e âncoras sobre o qual o ser humano constrói a sua vida numa envolvente que lhe é familiar – amistosa – e na qual experimenta a sensação de se encontrar numa terra que lhe pertence (e à qual pertence), fora da qual sente afastamento e privação.

Tudo isto implica três elementos:

- Ter raízes na terra natal, pressupõe compartilhar o instinto territorial próprio dos mamíferos superiores;

- Compartilhar com aqueles que nasceram nessa mesma terra o mesmo conceito de pertença a uma mesma comunidade;

- Ter valores de referência e sequências culturais que tenham sido compartilhadas por gerações de antepassados e que compõem a identidade dessa terra;

Este enraizamento está num nível superior às opiniões políticas, às filiações e às fobias individuais e, como tal, prevalece sobre elas. É o elemento que verdadeiramente unifica uma comunidade ao estar inserido no mais profundo de cada um dos seus membros.

O ter nascido sobre uma mesma terra confere uma série de características que são partilhadas por todos os que ali nasceram:

- *Traços* de carácter comuns; os membros de uma mesma comunidade caracterizam-se normalmente pela preponderância de determinadas potencialidades, que os definem ante e em relação a outros: os catalães trabalhadores, os genoveses amantes do dinheiro, os andaluzes alegres, os galegos introspectivos, os bretões teimosos, os prussianos disciplinados, os aragoneses francos, os castelhanos austeros, etc. Ainda que em certo sentido estes traços sejam clichés locais, não há muitas dúvidas quanto ao facto de dizerem muito sobre essas mesmas comunidades ou como são vistas por outras.

- *Passado* comum que as fez atravessar a história ao mesmo ritmo, conferiu-lhes experiências comuns, estabeleceu entre eles laços de solidariedade, gerou referências e mitos compartilhados por todos eles e, finalmente, forneceu-lhes reflexos semelhantes perante estímulos idênticos.

- *Tradições* comuns que emanaram directamente das condições antropológicas e geopolíticas e deram origem ao estilo próprio de cada região. Estas tradições são os elementos verticais que unem as distintas gerações que nasceram sobre uma mesma terra. É o elo que une o passado ao futuro.

- *Vínculos sentimentais* que se mantêm fortes no que concerne ao núcleo familiar. Em larga medida, estas características não estão racionalizadas: são assim, poucos se perguntam porque o são dessa maneira e não de outra; simplesmente são aceites por todos os membros de uma comunidade e estão aninhadas no substrato emotivo e sentimental da natureza humana. Isto – como tudo o que é emotivo e sentimental – introduz um elemento problemático no conjunto: a irracionalidade.

Irracionalidade e natureza humana

Como se pode intuir, o enraizamento deriva de um instinto territorial, produto da nossa condição biológica de mamíferos superiores, instinto que os etólogos observaram a partir dos anos cinquenta. Enquanto elemento instintivo, o enraizamento tem uma componente irracional que pode tornar-se perigosa se não estiver equilibrada por outros elementos que derivem directamente da racionalidade. A natureza humana, enquanto tal, não é completamente feita de racionalidade, e apesar de frequentemente experimentarmos a necessidade de racionalizar a nossa vida, existem outros elementos essenciais na equação humana e um deles é a emotividade, algo essencialmente irracional. Se estivéssemos em condições de desterrar a irracionalidade da natureza humana, o resultado provavelmente seria um robot frio, sem matizes nem emoções.

Mas é rigorosamente necessário que o irracional não esteja completamente afastado da nossa personalidade. Quando isso ocorre, surgem os momentos mais dramáticos da história. O nacionalismo é frequentemente o resultado de um irracionalismo que não encontrou uma contrapartida capaz de o atenuar. Este irracionalismo percebe-se sem dificuldade nos partidos nacionalistas e independentistas que se mostram:

- Capazes de modificar a história para a adaptar à sua doutrina;
- Capazes de realizar limpezas étnicas e culturais injustificáveis e nefastas inclusivamente para a mesma nacionalidade que dizem defender;
- Capazes de apreciar mais os assassínios do que as vítimas, se acreditarem que aqueles se identificam mais com a sua nacionalidade;
- Capazes, finalmente, de ir contra a lógica mais elementar e gerar becos sem saída, pelos quais os seus próprios cidadãos são os primeiros a serem afectados.

Assim sendo, se o enraizamento (que tem uma componente emotiva e sentimental evidente) não tem uma racionalidade como contrapartida, converte-se num vírus desagregador e cancerígeno para uma comunidade. Esta contrapartida pode proceder de níveis distintos:

- *O nível político.* – No Neolítico, a maior unidade de convivência que se podia conceber era a tribo. À medida que a flecha do tempo foi avançando, as sociedades políticas ganharam complexidade. Embora durante o Neolítico o enraizamento fosse a única forma na qual o ser humano podia encontrar a força para se inserir numa comunidade, à medida que as tribos se federaram, quando surgiram os pequenos reinos medievais, quando estes se foram convergindo, quando se criaram os Estados Nacionais e, finalmente, quando as necessidades de sobrevivência destes forçaram a convergência de

Estados Nacionais distintos em blocos geopolíticos mais amplos – processo em que nos encontramos na actualidade – em todas estas etapas a "dimensão" do político foi variando. À medida que vai crescendo uma "unidade política", esta deve centrar-se mais na "identidade" do que no "enraizamento", sendo este próprio das unidades políticas menores: a cidade, a vila, a região, ...

- *O nível geopolítico*. – A menor unidade geopolítica é a região; no âmbito desta, consubstancia-se o enraizamento; mas a região está inserida em unidades geopolíticas maiores e interdependentes. No limite, existem duas unidades geopolíticas essenciais: América e Eurásia. Cada uma destas unidades está por sua vez dividida em unidades menores: América do Norte, América Central e América do Sul, de um lado, e Europa, Rússia, Ásia Central, China e a dorsal islâmica, do outro. Por sua vez, cada uma destas unidades está dividida em Estados Nacionais e estes, finalmente, em regiões e municípios. Pois bem, o enraizamento processa-se somente nestes últimos; mas é necessário ter a inteligência política suficiente para poder perceber que a região não é o centro do mundo, é-o, sim, da nossa vida, pelo que é, habitualmente, irrelevante para o desenvolvimento da história mundial.

- *O nível científico*. – Os princípios científicos são universais, valem para todos os tempos, todas as épocas e para todas as latitudes. Se é certo que a ciência se desenvolve mais em determinadas zonas geopolíticas e está praticamente ausente noutras, pelo menos as aplicações dessa ciência e o seu espírito são universais. Se é certo que a intuição e a criatividade fizeram avançar a sobressaltos a ciência, não é menos certo que esta se afirma graças ao método científico: esta é a lógica aplicada à ciência, que se constitui ao longo do século XVII. De resto, não foi graças à irracionalidade que a ciência progrediu, mas sim à genialidade de homens que foram capazes de transformar as suas instituições e a sua criatividade em método lógico.

- *O nível lógico*. – O motor de toda a racionalidade é o nível lógico que, partindo de premissas demonstráveis, concatena os seus raciocínios seguindo leis implacáveis que conduzem a conclusões incontroversas. A lógica não implica frieza; com efeito, através da lógica e da matemática, é possível alcançar os mais altos patamares da beleza. A música clássica é um bom exemplo do que afirmamos ao estar concebida a partir de estruturas matemáticas, a geometria fractal e as suas leis explicam as formas da natureza e encerram-nas em formas matemáticas, sem que, por elas, a beleza de uma rama de acácia ou de um muro de basalto cristalizado se veja afectada. A lógica (e o senso comum) deve estar presente especialmente ali onde a emotividade e o sentimentalismo se afirmam, em jeito de contrapartida.

Por tudo isto, o enraizamento, sendo um impulso natural, deve estar lado a lado com formas de racionalidade científica, caso contrário aparecerão fenómenos aberrantes como os micronacionalismos e a sua tendência mais extremista, que no País Basco corresponde às sinistras siglas da ETA.

Enraizamento e partidos nacionalistas

Não pode existir enraizamento na dimensão de um Estado Nacional moderno quando este tem uma dimensão excessivamente grande, para que só exista uma psicologia, uma cultura e um mesmo horizonte geopolítico; pelo contrário, existem diferentes pronúncias, línguas e dialectos, histórias e contribuições étnicas e, finalmente, distintas tradições locais que tornam impensável o enraizamento para lá de uma determinada dimensão geográfica (a região).

A intensidade do enraizamento está em razão inversa à dimensão geográfica. Dir-se-ia que o enraizamento dilui-se com a geografia. Fora das amplas extensões monótonas (o deserto, a taiga siberiana, os Andes, as selvas), a paisagem tende a variar com uma frequência inusitada. O deserto imprime um carácter árido e intolerante às concepções do mundo defendidas pelos povos que o habitam: o Islão é um bom exemplo disso mesmo, com o seu monoteísmo absoluto, a sua tradição ligada aos costumes dos homens do deserto e a sua proibição de representar imagens sagradas. Pelo contrário, em zonas arborizadas e em cenários com alterações frequentes da paisagem, estão compreendidos tanto os panteões grego, romano e germânico, como o monoteísmo católico atenuado (as três figuras da Trindade e a presença dos santos).

O vigor experimentado por alguns nacionalismos periféricos em Espanha neste momento, deve-se a terem sabido aproveitar para o seu projecto político o enraizamento que se manifesta todavia com força em algumas zonas. Por outro lado, o nacionalismo espanhol não tem estado em condições de articular as distintas formas de enraizamento com a definição de uma identidade espanhola.

A trajectória de alguns partidos nacionalistas espanhóis fornece-nos algumas pistas:

1)Os partidos nacionalistas que operam na periferia (PNV, CiU e BNG) aproveitaram a tendência de enraizamento das populações rurais (não é em vão que se assiste a um crescente processo de ruralização destes partidos, especialmente o PNV, cuja influência, pouco a pouco, vai-se atenuando nas grandes cidades, mantendo a iniciativa, unicamente, em núcleos rurais).

2)Os partidos nacionalistas (PNV e CiU) traíram os seus eleitores e demonstraram que explorar o enraizamento das populações na sua terra natal foi um mero artifício para situar uma classe de serviço civil e urbana perante as pesadas burocracias dos processos de autonomia.

3)Os partidos nacionalistas demonstraram que, na sua essência, não eram diferentes do partido de centro-direita (PP), e reproduziam iniciativas e orientações semelhantes, mas apenas ao nível dessa nacionalidade concreta, como se de uma fotocópia reduzida se tratasse.

4)Nos partidos nacionalistas existe uma contradição entre as burocracias que os dirigem (burocracias civis sociologicamente idênticas às que governam qualquer outro partido não nacionalista) e os sentimentos das bases que se sentem enraizados à sua terra natal.

5)Os partidos nacionalistas têm vivido da exploração e subvenção dos elementos mais emotivos e folclóricos das nacionalidades (donativos a actividades tradicionais locais), mas também são esses partidos que massacram as tradições locais e as classes médias, abrindo as portas (como ninguém o tinha feito até agora), à especulação imobiliária, às grandes superfícies (as quais incentivam fisicamente e inclusivamente lhes cedem terrenos em troca de postos de trabalho) ou às multinacionais.

6)Finalmente, os partidos nacionalistas conservaram a sua situação privilegiada por dois motivos:

- As simetrias eleitorais do Congresso obrigaram a que tanto o PSOE como o PP tivessem a necessidade de governar com o apoio de nacionalistas quando não obtiveram maiorias absolutas e, em alguns momentos, foram partidos estatizantes que apoiaram o nacionalismo quando este precisou de ajuda.

- Os partidos nacionalistas reproduzem os comportamentos jacobinos do Estado criando na sua nacionalidade tendências à centralização. A língua catalã que promove a Generalitat[9] é a que se fala em Barcelona, não é específica de cada *vegueria*[10]; os espaços em catalão são emitidos pela TV3 aos *"Países Catalães"*, mas nenhum dos programas realizados em valenciano ou maiorquino são reproduzidos na Catalunha. Quem manda é o centralismo linguístico barcelonês, que pode projectar-se para a sua periferia... mas não o inverso.

- Os partidos nacionalistas beneficiaram com o facto de que nem o PP, nem o PSOE, nem força política alguma, tenham estado em condições de rever e reactualizar os conteúdos que necessariamente devem acompanhar a ideia de "Espanha". Essa ideia, portanto, à medida que se foi diluindo o pensamento de 1898, não pôde ser *aggiornada,* e como tal, a constituição de 1978 deixou um vazio no qual o nacionalismo periférico conseguiu assentar-se comodamente.

---

[9] Nome catalão que é dado aos sistemas autónomos de governo de duas das comunidades autónomas espanholas: Catalunha e Comunidade Valenciana. Esta expressão tem origem nas Cortes de Aragão, às quais estas comunidades pertenceram no passado. (N.T.)

[10] A *vegueria* é uma demarcação territorial histórica da Catalunha de origem medieval, que existiu nos séculos XII a XVIII, época em que foi substituída pelos corregimentos, através de Decreto promulgado pelo rei Filipe V, depois da Guerra de Sucessão Espanhola. Actualmente está a decorrer um processo de recuperação das *veguerias* na Catalunha. No Estatuto de Autonomia da Catalunha de 2006 é restabelecida a *vegueria* como divisão territorial com personalidade jurídica própria e com duas funções: o governo intermunicipal de cooperação local e a organização dos serviços da Generalitat da Catalunha.

A impossibilidade de enraizamento nas grandes cidades

Se os partidos políticos não sentiram a necessidade de redefinir a ideia que se tem de Espanha e foram responsáveis pela introdução da ambiguidade no texto Constitucional, tal se deve a que, desde os princípios do século XIX, a vida se venha concentrando nas grandes cidades e nestas o enraizamento é praticamente impossível. O enraizamento não desaparece de todo nas cidades, simplesmente muda de orientação. O extraordinário fervor com que os cidadãos partilham a sorte do seu clube de futebol é um reflexo atenuado da tendência de enraizamento. A preferência que alguns demonstram pelas notícias das suas cidades (e inclusivamente dos seus bairros, por muito insignificantes que sejam) em detrimento das notícias da nação ou das internacionais, é outro reflexo atenuado desse mesmo enraizamento. Vale a pena seguir o processo degenerativo do instinto de enraizamento.

A industrialização crescente gerou em todo o globo uma tendência direccionada à concentração das populações em grandes núcleos urbanos, enquanto os campos ficam progressivamente despovoados. As pequenas cidades perdem cada vez mais influência perante as grandes megalópolis que concentram capital, poder, riqueza, bem-estar, possibilidades. As pequenas cidades e as pequenas povoações vão definhando à medida que perdem os seus elementos mais jovens. Nestas circunstâncias há que colocar o problema do enraizamento nas grandes cidades porque, verdade seja dita, a terra natal imprime um carácter que se dilui nos grandes blocos urbanos, desprovidos de alma.

Quanto maiores forem os pontos de referência que uma comunidade oferece aos seus membros, maior é a possibilidade de que estes, reconhecendo-os e assumindo-os, nela estejam enraizados.

Estes pontos de referência são fundamentalmente culturais e antropológicos, mas também psicológicos e geopolíticos. Existe enraizamento numa terra (geopolítica), que modelou a forma de ser (psicologia) de um grupo étnico (antropologia), que desfruta de uns mesmos valores (cultura) herdados dos seus ancestrais (tradição).

A riqueza das nações europeias evidencia-se em que cada região tem tradições específicas que a tornam relativamente diferente das que lhe são imediatamente contíguas.

Por seu lado, o fundamento da Nação não é o enraizamento, mas sim a ideia de Missão e de Destino. Posto isto, é preciso superar a contradição existente entre o enraizamento que afecta as regiões e nacionalidades, e a ideia de Missão que deve caracterizar um Estado Nacional. Especialmente porque, a partir de ambas, podem encontrar-se os elementos necessários para afrontar o principal problema que afecta a humanidade neste momento: o fantasma da globalização.

Dentro de uma mesma Nação e de um mesmo Estado existem formas distintas de entender o enraizamento em cada região e nacionalidade. Inclusivamente dentro de uma mesma região, a forma de viver o enraizamento pode variar extraordinariamente. Mas, no geral, as possibilidades de um enraizamento real diminuem:

1)Com a dimensão geográfica e

2)Nos ambientes urbanos.

Não pode existir enraizamento numa grande cidade formada por um leque de pessoas provenientes dos mais distintos horizontes geográficos. É inegável que as cidades, cada vez mais, se parecem umas com as outras; os centros comerciais de todo o Ocidente são quase exactamente iguais; não existem variações de maior de uma para outra cidade.

Além disso, nas cidades perde-se o sentido do comunitário e diluem-se os vínculos comunitários. Num grande imóvel de apartamentos, a única possibilidade de contacto entre uns e outros vizinhos, é a "assembleia de condóminos" cuja finalidade é essencialmente administrativa. Dir-se-ia que o asfalto criou uma película impermeável que impede a possibilidade de exercer ou experimentar o enraizamento.

É inegável que a tendência actual em todo o mundo é concentrar as populações em grandes cidades e esvaziar as zonas rurais. Isto repercute-se negativamente no enraizamento que vai diminuindo no meio do ferro, do vidro e do cimento, assim como sobre o asfalto. Para cúmulo, as cidades modernas não são uniformes. Estão divididas em bairros, e estes estão associados a classes. Existem bairros confortáveis, muito confortáveis, marginais, trabalhistas, comerciais, burgueses, residenciais, dormitórios, guetos, etc. A perversão das grandes cidades consiste na substituição do enraizamento a uma terra pela pertença a uma classe económica, com a consequente transição de valores.

Daí que a doutrina do enraizamento tenha apenas uma importância limitada se não for acompanhada pela doutrina da *identidade*. É inegável que dentro do actual paradigma de civilização e com a demografia actual, as cidades são as unidades de convivência mais adaptadas. Dentro delas, a solidariedade entre os seus membros somente aparece em momentos de grandes catástrofes (aquando dos bombardeamentos da Segunda Guerra Mundial, durante alguma grande convulsão natural ou algum atentado criminal), mas dificilmente se manifesta em situação de normalidade.

Agora, a cidade inscreve-se dentro de uma região (ou de uma nacionalidade) e faz parte de uma Nação-Estado, e inclusivamente, no caso Europeu, uma cidade inscreve-se também dentro do contexto de uma federação supranacional, a União Europeia. Portanto, se é verdade que nas grandes cidades a população está menos enraizada que nas áreas rurais, isso não significa que neste contexto não existam vínculos identitários para cidadãos que vêm definidos pela região (ou nacionalidade), pela Nação-Estado ou pela Europa.

Tudo isto implica:

1)Que as cidades modernas estão mal planificadas e tendem a reproduzir (em vez de atenuar) a estratificação social.

2)Que esta estratificação social é o reflexo de uma ordem económica injusta trazida pelo liberalismo e a ele inata.

3)Que da forma como estão desenhadas, as cidades modernas convertem-se num marco massificador e de perda de personalidade.

4)Que o gigantismo é o elemento que acentua estes males que acompanham a vida dos cidadãos.

5)Que a especulação imobiliária tende a acentuar o carácter de classe dos bairros.

6)Que nas grandes cidades não pode existir enraizamento com a terra natal mas sim identidade com a região, a nação, etc.

7)Que uma política sábia de governo deve:

- descongestionar as grandes cidades;

- cessar a especulação imobiliária;

- imprimir um carácter próprio a cada cidade;

- evitar os processos de massificação;

- atenuar a divisão de classe dos bairros;

- evitar a aparição de guetos étnicos e

- enaltecer os valores comunitários urbanos.

O desenraizamento que implica a vida nas grandes cidades tende a gerar fenómenos patológicos que passarão à história dos séculos XX e XXI como mostras do poder dissolvente e deletério das megalópolis pós-industriais:
- a violência urbana;
- os fenómenos de terrorismo;

- as tribos urbanas;
- a alienação urbana;
- o cosmopolitismo;
- a aculturação;
- a massificação;
- a inidentificabilidade;

Todos estes conflitos gerados nas grandes cidades podem conhecer um fim. Quando em 1967 Herbert Marcuse explicava que nos aproximávamos do "final da utopia" ainda não podia conhecer a transformação na humanidade que iria ser criada pelo *boom* das comunicações e da microinformática.

A relocalização dos campos de cultivo

A oposição a uma economia globalizada passa por determinados níveis de auto-suficiência das comunidades. A despovoação do campo na Europa Ocidental faz com que o Velho Continente seja amplamente tributário dos alimentos chegados do exterior. Isto resulta numa situação de precariedade e insegurança entre os últimos agricultores do Velho Continente. Hoje, mais do que nunca, é preciso recolonizar os campos da Europa Ocidental e evitar que as áreas urbanizadas continuem a crescer desmesuradamente.

Não se trata de fazer marcha atrás na roda da história, mas antes prever o que poderia ocorrer no caso de graves transtornos nos países ou nas zonas produtoras de alimentos. Hoje, um conflito civil em Marrocos interromperia, por exemplo, o fluxo de tomates e hortaliças em Espanha. O princípio da prudência obriga a ter em conta esta possibilidade... que, no entanto, é ignorada pelos nossos políticos.

O contrário da globalização é a localização. Pois bem, mais cedo ou mais tarde será destacada a necessidade de relocalização da capacidade da agrícola da Europa e de orientar a política de produção e consumo dos alimentos até ao imediato, ou seja, dispor até um limite: o que se cultiva na própria região. Além disso, há que não esquecer que um dos terrenos onde se manifesta tanto o enraizamento como a identidade de um povo é na sua cozinha. A sabedoria popular, durante séculos, orientou automaticamente a alimentação dos povos até aos padrões óptimos do ponto de vista dietético e produtivo. A dieta mediterrânica, por exemplo, é a mais adequada para os cidadãos das margens do *Mare Nostrum* porque incorpora precisamente o que se produz nesse meio envolvente. Uma dieta desse estilo seria impossível na savana africana ou em Manhattan. A relação de imediatismo entre o cultivo de um alimento e o seu consumo é fundamental para a conservação das suas qualidades nutricionais. Um cordeiro criado na Austrália é mais barato do que um criado nas nossas regiões, mas o cordeiro australiano teve que viajar congelado durante mês e meio, enquanto aquele criado no curral da nossa casa ou região evita em grande medida este processo.

Por outro lado o que estamos a propor não é um cultivo exclusivamente biológico (que implica uma produção limitada e suficiente), mas simplesmente o repovoamento dos campos, o retorno à produção agrícola para consumo dos habitantes dessa região e abastecimento da mesma.

Há que não esquecer que a civilização desenvolve-se no momento em que as populações se fixam num determinado terreno concreto graças à compensação e ao cultivo dos campos. Ainda menos podemos esquecer que a colonização dos territórios foi a melhor maneira de prevenir as invasões de forças hostis e colonizar territórios recém-ocupados. Finalmente, jamais podemos esquecer os traços da mentalidade camponesa: apego à terra, defesa da tradição, sentimento de fidelidade à palavra dada, valor do esforço e da disciplina, essencialidade, franqueza, simplicidade no trato, austeridade,…

Esse estilo humano não pode desaparecer da Velha Europa. Dois séculos de industrialização geraram distintas vagas migratórias do campo para a cidade, mas nada impede – e muito menos a irrupção das novas tecnologias – o início de um movimento no sentido contrário. Além do mais, as novas tecnologias aplicadas ao plantio e à colheita asseguram razoavelmente o desaparecimento dos aspectos mais ingratos da vida rural. É preciso empunhar a bandeira de um retorno aos campos, em especial para os jovens, promover a criação de novas entidades agrícolas que renovem o sentido comunitário e o estilo dos camponeses que desde as fronteiras da Reconquista até às marcas do Leste colonizaram e defenderam as fronteiras da Europa, desde os Espartanos que abandonavam a grade e o arado para envergar o escudo e o elmo; desde os legionários romanos que, uma vez desmobilizados, recebiam como prémio maior pelos seus serviços terras de cultivo; até aos combatentes dos *Freikorps* que após a I Guerra Mundial foram ao Báltico libertar terras para nelas se estabelecerem: o camponês defendendo a sua terra foi sempre um combatente eficaz e imbatível.

Porque *é nos campos onde será possível renovar mais dinamicamente o enraizamento das comunidades.* As distintas formas de enraizamento, somadas, e adicionando valores históricos, antropológicos e sociológicos dão como resultado a identidade.

Enraizamento e identidade: pesos e contrapesos

O caso dos partidos nacionalistas é demonstrativo em como estes dois elementos surgiram de uma contradição não resolvida, a existente entre o enraizamento à pátria carnal e a identidade do Estado Nacional.

Tal como dissemos anteriormente, o enraizamento só se manifesta no imediato, enquanto a identidade é um conceito mais amplo. Quando um *partido nacionalista asfixia a identidade em benefício do enraizamento,* está a defender a "tribo". Mas a "tribo" está inadaptada para exercer um papel efectivo na história moderna. É impossível atribuir uma Missão e um Destino à "tribo", porque as suas dimensões são demasiado reduzidas para que se possam estabelecer de maneira realista e objectiva. Inversamente, uma partido estatizante tende a desconhecer as formas de ser da periferia, dado que as "elites" periféricas incorporaram-se nos partidos nacionalistas,

O problema radica no facto dos partidos estatizantes não terem demonstrado estar em condições de assegurar uma Missão e um Destino à Espanha democrática. Após as extravagâncias de 92 (Olimpíadas de Barcelona, Expo de Sevilha, V Centenário) que pareceram querer definir uma projecção internacional de Espanha, mas que se esgotaram no lodo dos GAL[11], da corrupção e da crise económica, o PP evidenciou, especialmente a partir dos bombardeamentos da Jugoslávia em 1998, que carecia de um projecto nacional e europeu. E não apenas isso, mas que o seu "projecto" implicava nada mais que colocar-se no vagão do americanismo mais agressivo e antieuropeu.

A inexistência de um projecto nacional pressupõe uma válvula de oxigénio para os partidos nacionalistas que apresentam às suas comunidades um projecto tribal, excepcionalmente limitado, situado fora da história e inclusivamente, contra a História: desde que a União Europeia se autodefiniu como "união de Estados Nacionais", os nacionalismos periféricos têm sido jogados nos esgotos da História e apenas em Espanha podem exercer um papel central por causa do nosso sistema constitucional particular e das simetrias eleitorais.

Se o enraizamento não tem uma contrapartida que o universalize converte-se em algo irrelevante que tem mais que ver com a antropologia e o folclore do que com a política (arte de conduzir as comunidades no cumprimento do seu Destino). *Essa contrapartida são a identidade nacional e a identidade europeia.*

Por outro lado, *se a identidade nacional desconsidera a possibilidade de enraizamento nas regiões ou nas nacionalidades, converte-se em construções meramente intelectuais ou numa vontade de poder desvinculada das massas situadas na periferia.*

Uma estabilidade política precisa de um equilíbrio entre enraizamento e identidade. Se tal equilíbrio não se produz e o enraizamento se torna prioritário, vence o nacionalismo e a tribo. Se, pelo contrário, é o Estado Nacional que se tem exclusivamente em conta, reproduzem-se comportamentos jacobinos, uniformizadores e igualitaristas. Assim sendo, trata-se aqui de manter os equilíbrios.

---

[11] Grupos Antiterroristas de Libertação (N.T.)

Nestas páginas aspiramos a explicar em que podem consistir esses equilíbrios.

Enraizamento e globalização

Se examinarmos os conteúdos da modernidade veremos que o principal risco para as liberdades públicas e a justiça social, é a globalização. *Entendemos por globalização a tendência do capitalismo tardio a universalizar o sistema, mediante a criação de um mercado mundial, que optimize a produção e o investimento para lograr uma rentabilidade máxima do capital.*

Os antecedentes remotos da globalização remontam ao final da Segunda Guerra Mundial, quando se produz o *Boom* das comunicações e dos transportes. A isto junta-se a generalização dos meios de comunicação de massas que já se haviam estabelecido antes da guerra e que, durante a mesma, serviram como canais da propaganda bélica de uma e de outra parte. Desde o início do *New Deal*, Roosevelt utilizava a rádio para emitir mensagens "conversas à sobremesa" em tom coloquial ao povo norte-americano. As Olimpíadas de Berlim de 1936 mostraram as possibilidades da televisão como meio de comunicação de massas. No entanto a rádio, certamente, já havia demonstrado a sua eficácia no período entre as duas grandes guerras e na Guerra Civil Espanhola.

O segundo factor que contribuiu para a globalização foi a emancipação das colónias europeias na Ásia e na África. Produtores de matérias-primas, as colónias, a partir desse momento, deixavam de estar sob a tutela dos países europeus para oferecer as suas riquezas naturais a quem quisesse comprá-las ou explorá-las.

Além disso, o esforço bélico e a aplicação das novas tecnologias de armamento geraram concentrações gigantescas de capital em algumas empresas relacionadas com esta indústria, tais que o seu campo de acção extravasou as fronteiras de um país, para actuar à escala internacional. Daí surgiram as multinacionais que acabaram por ser os motores da globalização, especialmente a partir da criação da Comissão Trilateral.

A globalização implica, definitivamente, perda das identidades nacionais, perda das culturas, perda das tradições ancestrais, perda dos pontos de referência que possibilitam o enraizamento; a globalização é, indubitavelmente, o inimigo dos povos e das nações livres ansiosas por conservar a sua identidade e de evitar desvanecerem-se no oceano indiferenciado e informe gerado pelas necessidades desta fase de evolução extrema do capitalismo.

Podemos considerar qualquer outro tipo de inimigo, mas a sua identidade, sem dúvida, empalidecer-se-á face à globalização. A globalização é um fenómeno único e sem precedentes na História que se manifesta através de quatro vertentes.

1.A vertente económica – A globalização é um estádio extremo do capitalismo. Ao capitalismo incipiente ou artesanal, ao capitalismo industrial do século XIX, ao capitalismo multinacional posterior à segunda grande guerra, sucedeu um período pós-multinacional que leva a todos os cantos do planeta a doutrina do livre mercado, o financiamento da economia e a lei da oferta e da procura acima de qualquer outro princípio. A grande inovação do capitalismo globalizante é ter arrastado para fora da sua perspectiva qualquer alusão a justiça social, qualquer referência ao Estado de bem-estar e qualquer sistema de protecção social. Todos, absolutamente todos os mecanismos do sistema económico situam-se acima de qualquer perspectiva "social". E isto é relevante porque reflecte um passo atrás em relação às formas mais primitivas de pré-globalização dos anos 70. Com efeito, naquela época, os teóricos "fabianos"[12], os Rockefeller e

---

[12] *Socialismo fabiano* é o nome atribuído ao movimento intelectual criado pela organização britânica "Sociedade Fabiana" no fim do século XIX, cujo objectivo era a busca dos ideais socialistas por meios graduais e reformistas, em contraste com os meios revolucionários propostos pelo marxismo. Opunha-se à luta de classes e às acções sindicais, o que valeu o rótulo de "movimento oportunista e anti-marxista", nas palavras de Lenine. O seu nome era uma homenagem ao chefe militar romano Fábio Máximo, conhecido como o

as dinastias económicas norte-americanas, defendiam todavia determinadas formas de previsão e protecção social: no fundo tratava-se apenas de transformar os produtores alienados em consumidores integrados e, para tal, era necessário um certo nível de bem-estar social. Nas últimas evoluções do capitalismo, estas "conquistas" mínimas desapareceram. Finalmente, o capitalismo globalizante retorna às origens do capitalismo industrial: predador ao ponto mais extremo, absolutamente alheio a qualquer sensibilidade social e preocupado unicamente com o valor dos resultados e dos dividendos financeiros. A diferença é que, enquanto na etapa industrial a exploração extrema produzia-se a nível de fábricas, na actualidade nações e continentes inteiros são vítimas do saque capitalista, para glória suprema do benefício financeiro.

2.A vertente geopolítica – Apesar do capitalismo não estar necessariamente ligado a nenhum país geográfico em particular, é certo que o centro e a razão social dos principais núcleos do poder globalizante encontram-se nos Estados Unidos que se configuram como o centro estratégico de todo o processo e que coloca ao seu serviço o enorme potencial bélico e de armamento das FA norte-americanas. No entanto, desde os princípios do século XIX, o centro do capitalismo situava-se na Europa, e pouco a pouco, foi migrando rumo ao Norte do continente americano. A globalização seguiu um percurso de Este

---

"Contemporizador", pois adoptou uma táctica de expectativa, evitando os combates decisivos na guerra com Aníbal. (N.T.)

para Oeste, de Oriente para Ocidente. Na actualidade esta tendência prossegue vertiginosamente e não é em vão que a "doutrina Rumsfeld", enunciada pelo antigo Secretário da Defesa Norte-americano, estabelece que o Oceano Pacífico é o novo teatro preferencial de operações e expansão dos Estados Unidos. Não por acaso, ali encontram-se 1400 milhões de chineses que se configuram, não só como um incipiente mercado, mas também como o grande centro de produção mundial de manufacturas.

3.A Vertente Ética – É relevante que um dos efeitos da globalização seja a "deportação" massiva de populações do Sul para o Norte. Esta "deportação" tem um nome: imigração. A Nova Ordem Mundial difunde a doutrina da mestiçagem como algo inevitável, rico e saudável para evitar gerar um pânico social devido a estas transferências de população quando na realidade, o que ela aspira de facto é a debilitar as concepções culturais e de civilização que a ela poderiam opor-se. A globalização é promovida favorecendo uma mentalidade cosmopolita e internacionalista que se opõe a qualquer forma de identidade em benefício de um *melting-pot*[13] "mestiço".

---

[13] Esta metáfora utilizada pelo autor é uma forma comum para designar a transformação progressiva de uma sociedade heterogénea em homogénea, através da mistura de diferentes elementos num todo harmonioso com uma cultura comum e única. A expressão teve a sua origem no processo de assimilação de imigrantes nos Estados Unidos, em finais do século XVIII. (N.T.)

4.*A vertente espiritual* – Por fim, a Nova Ordem Mundial traz consigo uma inovação no terreno religioso. Se nos detivermos a examinar as declarações dos cabecilhas visíveis da globalização (os Bush, os Rumsfeld, os Chenney), abundamas declarações de conteúdo pseudomístico ou pseudo-religioso. De facto, depois da Guerra do Golfo, George Bush, então presidente dos EUA, falou da *"missão que a Providência havia concedido aos EUA"*, da mesma forma que antes os grupos conservadores que apoiaram Reagan (a "maioria moral" e os extremistas evangélicos dos EUA), haviam realizado declarações no mesmo sentido. Sem dúvida, o projecto consiste em que *a um "governo mundial", corresponda uma "religião mundial"*. Na actualidade estamos a assistir a uma verdadeira revolução pseudo-espiritualista lado a lado com o advento da Nova Ordem Mundial: de um lado a extensão e popularização das pseudo-religiões que acompanham o fenómeno da *"New Age"*, de outro a ascensão de formas bastardeadas e extremistas do Islão, em particular o *wahabismo* e o *salafismo* e, finalmente, a proliferação de seitas exóticas e de cultos "mestiços" inclusivamente no Ocidente. Não é uma revolução religiosa nova a que substituirá as religiões tradicionais numa urbe globalizada, mas sim uma pseudo-religião que não será outra coisa mais que um acumulado de superstições e crenças em larga medida demoníacas.

À medida que examinemos esta doutrina veremos que, na realidade, não pertence nem às direitas, nem às esquerdas, se bem que contém e ressalta elementos procedentes da esquerda e da direita. Da direita neoliberal extrai o culto supremo à lei da oferta e da procura e o servilismo mais absoluto às leis do mercado. Da esquerda incorpora o cosmopolitismo internacionalista, a religião laica, a ideia de relativismo étnico e uma evidente permissividade.

A globalização, na realidade, fez transpor muitas barreiras, e uma delas foi as categorias de esquerdas e direitas que, a partir de agora, já não fazem sentido.

Assim sendo, esta "superação" da esquerda e da direita não se operou *a partir do topo* em função de sínteses superiores e mais avançadas que permitam estádios de maior justiça social, estabilidade internacional ou um novo quadro das relações internacionais, mas sim *a partir de baixo*. Com efeito, esta doutrina emergiu dos detritos mais abjectos das ideologias que até agora haviam dominado o debate político: a síntese doutrinária é qualitativamente inferior falando a cada uma das componentes de base. No fundo o internacionalismo proletário estava concebido como um objectivo em função do qual a humanidade proletária marchava unida em nome de um mundo melhor; pelo contrário, na queda do internacionalismo proletários face ao cosmopolitismo globalizante, perdeu-se a noção de "missão", de "libertação", de unidade para conseguir um mundo mais justo. Inclusivamente a noção liberal do mercado livre foi pervertida: não há qualquer possibilidade de um mercado livre quando apenas uns poucos conglomerados financeiro-industriais-monopolistas dominam a totalidade do mercado.

A luta contra a globalização

Colocando as coisas desta forma, estabelece-se que a globalização é o "inimigo principal". De que maneira se pode lutar contra ela, da forma mais eficaz possível?

O enraizamento é um dos valores mais sólidos na luta contra a globalização. Do ponto de vista institucional, os Estados Nacionais são hoje baluartes da antiglobalização: existem, têm arsenais legislativos, instituições armadas, fronteiras nacionais, estruturas administrativas capazes de fechar as portas à perda de identidade causada pelos grandes fluxos migratórios, ou à colonização cultural, ou à quebra da economia nacional por causa do livre mercado mundial. Para que um Estado Nacional opere nesse sentido, deve necessariamente ter vontade política. Hoje, essa vontade política é inexistente na Europa, e por essa razão os Estados Nacionais não estão a empenhar todos os recursos que têm à sua disposição para conter a globalização. E, em boa medida não o fazem por terem perdido a noção de qual é a sua Missão. Porque, efectivamente, o elemento que imprime carácter a uma Nação é a ideia de "Missão" e de "Destino", ou seja, o projecto e a realidade que se oferecem a essa comunidade.

A Espanha renunciou a ter um papel activo na política internacional e até mesmo na política Europeia. Apesar dos intentos de Aznar por aparecer na primeira página da imprensa mundial, não há que ver neste esforço a busca de uma Missão e de um Destino, mas antes a tentativa de se autodefinir como uma ajuda de câmara e um complemento para a realização do destino mundial dos Estados Unidos e da sua missão, isto é, de converter-se em potência hegemónica mundial e assim manter-se tanto tempo quanto possível. No zapaterismo tudo isto foi de mal a pior.

Apesar das ideias patriotas e nacionalistas terem acompanhado muito frequentemente a direita, há que reconhecer que a política do PP não foi nem uma coisa nem outra, mas antes, juntamente com o período zapaterista, um dos mais vergonhosos da história de Espanha. Porque Aznar e o PP não só não souberam escolher os seus aliados, como os elegeram de entre os inimigos da Europa; preso aos esquemas da direita anteriores ao fim da Guerra Fria, o PP viu no "amigo americano" um projecto hegemónico alógeno no qual julgaram valer a pena apostar, ainda que para tal se devesse colocar no vagão do americanismo e enfrentar o eixo central da União Europeia, com o qual compartilhamos interesses económicos, políticos, de luta antiterrorista e inclusivamente geopolíticos.

O Estado Espanhol, sob a égide Aznar e sob a égide Zapatero, poderia opor-se e ter vetado novas directrizes presentes na construção da Europa que tendem a reforçar a globalização. No entanto, a partir do momento em que o Estado Espanhol delegue boa parte das suas funções na União Europeia, esse arsenal legislativo e coercivo à disposição do Estado Nacional ter-se-á esfumado: não existirão já defesas institucionais de carácter "nacional" visto esse papel ter sido assumido integralmente pela UE… ou seja, por uma instância globalizante.

Seja como for, não queremos apresentar a União Europeia como algo completamente negativo. É negativo a partir do momento em que as ideias globalizantes se infiltraram através dos resquícios do Tratado de Lisboa, com toda a sua ambiguidade e a sua desnecessária complexidade. Porque também a Europa é uma peça fundamental na construção do mundo multipolar, no qual o destino da humanidade não dependa da ambição de um grupo de oligarcas que governam em Washington.

A resposta às quatro vertentes da globalização

E é importante que existam defesas institucionais porque, nestes momentos, aqui e agora, o inimigo é a globalização. Globalização significa nivelação, significa uniformização e igualitarismo extremo. Globalização significa abolição das fronteiras físicas dos Estados Nacionais e das fronteiras culturais em benefício de uma cultura global e de uma economia mundial regida pelo capital e face à qual nós, os seres humanos, somos objectos (não sujeitos) das leis do mercado.

Combater eficazmente contra a globalização implica ter muito presente o que foi aqui dito em relação às quatro vertentes do processo. Porque para ser eficaz, uma luta antiglobalização deve necessariamente contestar as quatro vertentes que constituem o processo, caso contrário o único objectivo que se poderá alcançar será dar respostas parciais que permitirão a formação de novas directrizes, as quais, por fim, acabarão reconstruindo o processo globalizante. Assim sendo, trata-se então de rejeitar a globalização através da recusa das suas quatro vertentes ideológicas:

- *Face à vertente económica,* é preciso recuperar a ideia de justiça social. Não há nada - absolutamente nada - nem os benefícios, nem os dividendos empresariais, que esteja à frente do direito que todos os homens e mulheres têm a um sistema de protecção e segurança social, que têm direito a que o Estado se preocupe em dar resposta as suas necessidades básicas e por último, que têm direito a poder decidir sobre o seu destino e o da sua comunidade com inteira e total liberdade.

- *Face à vertente geopolítica, a* "thalasocracia" americana, a "nova Cartago" industrial que são hoje os EUA, deve ser enfrentada por uma "telurocracia" de novo cunho surgida em torno da ideia da Euro-Rússia: a aliança entre os povos da Europa com a Rússia e a sua extensão asiática, ou seja, a formação de um poder "continental", capaz de enfrentar a hegemonia actual do poder "oceânico" dos EUA, e esta é a única garantia de que o processo da globalização será quebrado na sua dimensão geopolítica. E isto implica que um bloco Europa-Rússia rasgue o Acordo Internacional de Taxas Alfandegárias e estabeleça medidas proteccionistas.

- *Face à vertente étnica,* é fundamental recuperar a ideia de "identidade". Para isso é essencial refutar sem reservas a ideia de "mestiçagem" e afirmar que a civilização europeia nasceu do cruzamento de três influências: a cultura greco-latina, a cultura germânica e a cultura católica. Nós reivindicamos o direito a manter a nossa identidade cultural, da mesma forma que aceitamos, sustentamos e defendemos o direito à existência de outras identidades, próprias de outros horizontes geográficos. E neste terreno é necessário:

•Adoptar medidas preventivas contra os fluxos migratórios de massas;

•Ser favorável a uma síntese federal dos actuais Estados Nacionais Europeus no âmbito de uma Europa de Nações capaz de conservar o património identitário que definimos acima.

- *Face à vertente Religiosa,* temos de fazer prevalecer as religiões tradicionais dos nossos povos e da racionalidade da filosofia do mundo clássico, face à invasão dos cultos exóticos e das superstições pseudo-espiritualistas. Afirmamos o direito das grandes religiões tradicionais ligadas a quadros geográficos e culturais concretos a serem as forças proeminentes no terreno espiritual. É preciso travar o passo ao nascimento de uma "pseudo-religião mundial" e fazê-lo em nome das religiões tradicionais ou até mesmo em nome da objectividade e da racionalidade científica.

A síntese que propomos não é certamente, nem de direitas, nem de esquerdas, mas conserva e restitui elementos da direita e da esquerda: da esquerda recupera o sentido de justiça social acima de qualquer outro valor económico-social. Em seu devido tempo refuta o internacionalismo e o seu cosmopolitismo, não em nome de um nacionalismo pequeno ou de um regionalismo extremado, mas sim em nome de um grande bloco geopolítico com vocação de Império. Da direita recupera a noção de tradição ancestral e de fidelidade aos valores enraizados no passado histórico.

Tudo isto implica recusar a luta antiglobalização puramente aparente de uma certa esquerda "humanista" que, na realidade e em boa verdade não é mais que, como eles próprios afirmam, "outra forma de globalização".

No entanto:

- A antiglobalização não se pode concretizar em nome do cosmopolitismo, porque este faz parte dos valores do adversário que se pretende combater.

- A antiglobalização não se pode concretizar em nome de uma "humanidade" abstracta, quando é precisamente no "magma" dessa "humanidade" que se dissolvem os traços distintivos e a riqueza identitária, que são os principais valores neutralizam a uniformidade globalizante.

- Por fim, a luta antiglobalização não se pode concretizar em nome de uma nacionalismo pequeno, porque face ao actual momento de desenvolvimento da história, as pequenas nações históricas não estão em condições de responder ao gigantismo dos EUA. É necessária a formação de um grande bloco continental que, estendendo a mão para Leste, constitua uma Europa das Nações, única estrutura geopolítica em aliança com a Rússia, e em condições de medir forças com a superpotência da "nova Cartago", os EUA.

O Estado Nacional

Para as doutrinas nacionalistas o Estado faz a Nação e não o inverso. Rousseau expressou-o com estas palavras: *"São as instituições que formam o génio próprio dos povos, o carácter e os gostos e os costumes de uma Nação"*. Assim como nas monarquias medievais é a *fides* e a figura do monarca que geram o *reino,* nas nações será o Estado quem cria a nação e lhe dá forma. A partir do reinado de Filipe "O Formoso" de França, começou-se a registar uma tendência para a centralização que foi igualmente confirmada por Frederico II, o neto do "bom *Barbarossa"* no Sacro Império Romano. As monarquias começaram por ser absolutas e nelas demonstrou-se a tendência de centralização e de criação de aparatos administrativos cada vez mais amplos que substituam a *fides* medieval. A partir de um certo momento – a meados do século XVIII, quando já as monarquias se haviam convertido em "absolutas" – essa tendência seguiu o seu curso no Despotismo

Ilustrado[14] que facilitou o estabelecimento das bases teóricas do absolutismo.

O crescimento económico, a aparição dos processos primitivos de produção industrial, completaram um ciclo que se havia iniciado durante o Renascimento quando o comércio das espécies gerou uma acumulação de capital nas mãos dos comerciantes que como grupo social estavam fora de qualquer disciplina gremial. No último terço do século XVIII esta casta de possuidores do capital havia crescido o suficiente para irromper no terreno político. Para poder afirmar a sua primazia, era preciso que a burguesia se desenvencilhasse da casta que impedia o seu acesso a poder: a nobreza. O que estava a travar a classe que se estava a perfilar como hegemónica, não era o processo de centralização do Estado, mas sim a primazia da aristocracia de sangue nesse mesmo Estado. A revolução francesa evidenciou de forma dramática o ódio dos revolucionários burgueses contra os nobres, que se materializou no genocídio sistemático e sinistro levado a cabo debaixo do brilho metálico da guilhotina. Não é que a nova casta hegemónica, a burguesia, rejeitasse guerras de conquista – tal como demonstrou Bonaparte, herdeiro da Revolução – e o sacrifício que implicavam para a população, mas antes que este esforço porventura se viesse a realizar em nome do nacionalismo, ou seja, da totalidade de Nação em armas. E é então quando eles desencadeiam, nos dois séculos que se seguem, guerras por toda a Europa motivadas por rivalidades económicas e tendentes à conquista de novos mercados. Porque o processo de fortalecimento dos Estados Nacionais integra duas tendências: o fortalecimento do próprio aparato do Estado e o fortalecimento do mercado.

Da mesma forma que no interior das monarquias medievais surgiu a tendência da centralização e a monarquia feudal passou a converter-se em absoluta em apenas três séculos, na actualidade os

---

[14] O despotismo ilustrado, conceito surgido no século XVIII, é uma forma de governo absoluto em que os soberanos e seus representantes enaltecem as necessidades do povo, embora sem lhes permitir participar na elaboração das leis ou na tomada de decisões que os podem afectar. A sua política pode-se resumir à máxima "tudo pelo povo, mas sem o povo". Por ter surgido como alternativa à monarquia absoluta, é também designado por "despotismo benevolente" ou "absolutismo ilustrado". (N.T.)

Estados Nacionais, por força de irem alimentando os poderes do Estado e ampliando o mercado, acabaram por desencadear o processo da globalização. Assim como a burguesia desalojou do poder a aristocracia massacrando-a, agora são os detentores da alta finança que constituem a nova classe hegemónica do período multinacional e globalizante, esmagando a burguesia precedente.

Debrucemo-nos agora no "Estado Nacional". Esse conceito aparece historicamente em 1789 (antes não existia). Existiam os "reinos": o reino de Espanha, o reino da França, o reino da Prússia, o reino da Baviera, os reinos itálicos, etc. A partir das revoluções burguesas aparecem os "Estados Nacionais", e isto gera um problema: tais Estados aparecem numa fase avançada de desenvolvimento das monarquias, a sua fase absolutista. O absolutismo monárquico é para a globalização, o que uma Nação é para a Terra inteira (o *inter-Nacionalismo*): *dá-se apenas uma mudança de dimensão, mas não uma mudança qualitativa.*

O Estado Nacional, substitui historicamente os reinos e representa uma exacerbação da tendência de uniformização que aparece com as monarquias absolutas. Estas, começaram por mutilar as jurisdições locais e regionais, seguiram amputando a liberdade dos grémios, e criaram progressivamente corpos de funcionários para os domínios dos amplos espaços sob o seu controlo, num processo de burocratização crescente que sempre se configurou como o estágio final das formas políticas.

Ao produzir-se a revolução francesa, os aspectos mais problemáticos do absolutismo foram herdados e exasperados pelo nacionalismo jacobino. Este, além disso, deixou de considerar de considerar o ser humano na sua dignidade específica para reconvertê-lo num *"infante da pátria"*. O direito ao porte de arma que era detido apenas por algumas categorias sociais, foi estendido a toda a sociedade com o recrutamento obrigatório, iniciando-se assim um processo de nivelamento que tentou destruir os bens e os organismos intermédios da sociedade. O mais problemático do jacobinismo foi o estrangulamento das autonomias regionais, a uniformização dos Estados Nacionais que não admitiam fissuras e para isso eles tinham necessariamente de excluir a possibilidade de enraizamento nas "pátrias carnais", regiões ou nacionalidades.

E, neste sentido, como já vimos anteriormente, o jacobinismo foi o herdeiro da monarquia absoluta, apesar da passagem de um para o outro ter sido sangrento e ter-se realizado por intermédio desse massacre sem precedentes que foi a Revolução Francesa. As monarquias absolutas dos primeiros Bourbon espanhóis não tinham nada a ver com as monarquias medievais cujo nível de descentralização era total e que permitiam um elevado grau de autonomia aos distintos corpos da sociedade: de um lado os estratos verticais (guildas de artesãos, ordens militares e ordens ascéticas como representantes das três castas: a burguesia, a guerreira e a religiosa) e do outro os estratos horizontais (os ducados, os condados, as cidades, os reinos associados).

Na sua loucura igualitária, o absolutismo monárquico, a partir de Filipe "O Formoso", rei de França, preocupou-se em abolir progressivamente a autonomia de todos os corpos intermédios da sociedade. A partir da dissolução da Ordem Templária em 1314 e das limitações dos privilégios das guildas, o que se pode assistir, cada vez com mais intensidade, é um processo crescente de nivelamento cujo limite é a aparição do Estado Nacional com a revolução francesa (precedida pela independência americana que não havia passado por este processo, na medida em que a monarquia britânica jamais teve raízes nas colónias da Nova Inglaterra; mas, essas mesmas ideias, trazidas para a Europa e agitadas com os princípios do Iluminismo e com a tarefa subterrânea das lojas maçónicas, deu origem à revolução francesa).

O facto das democracias modernas terem nascido das revoluções francesa e americana é um facto meramente conjuntural. Estas democracias apareceram seguramente enquanto as forças produtivas, o nível educativo e as circunstâncias políticas o permitiram. De facto, não pode ser esquecido que os Estados Gerais de França foram convocados pelo próprio Luís XVI e pressuponham uma forma de "democracia orgânica" que, com o tempo se terá convertido em alguma forma de democracia próxima à que conhecemos.

Nacionalismo e Patriotismo

O Estado-Nação moderno baseia-se nos seguintes princípios:

1.A forma natural em que se organizam as colectividades humanas é agrupando-se em "nações".

2.Cada contexto nacional é diferente do resto. Daí advém a "razão suficiente" para justificar a sua existência independente.

3.Em democracia a soberania nacional reside na vontade dos habitantes de uma nação. A cada nação corresponde, pois, um Estado.

4.Os cidadãos dependem por inteiro do Estado-Nação; não têm nenhum valor, nem estrutura superior a ele.

5.Quanto mais forte é um Estado mais possibilidades tem de dar liberdade, prosperidade e segurança aos seus membros.

6.O Estado é a forma na qual se organizam os cidadãos de uma nação.

O Nacionalismo tende a ser apresentado como o amor a uma nação, mas isso não é ser nacionalista. Na prática o nacionalismo consiste em:
- Pretender que existe somente um Estado dentro das fronteiras nacionais. O que implica necessariamente a aparição do jacobinismo (uniformizar as diferenças nacionais e/ou regionais dentro do Estado).
- Que a pertença a um grupo étnico e a cidadania sejam a mesma coisa. O que conduz aos micronacionalismos (pretender que cada

nação, por minúscula que seja, tenha o seu próprio Estado).

No fundo, mais que reverenciar a Nação, o que o nacionalismo faz é sacralizar o Estado. O novo totem surgido nos finais do século XVIII é o binómio Estado-Nação como entidade metafísica depositária da soberania nacional. Fatalmente, o nacionalismo não se limita só a defender a identidade e as diferenças nacionais, mas antes termina sendo o "individualismo dos povos" e estes acabam enfrentando-se uns contra os outros. O nacionalismo do século XIX e da primeira metade do século XX gerou uma reacção contrária: o internacionalismo e o cosmopolitismo. Mas longe de ser a antítese do nacionalismo, apenas passava por ser a sua consequência extrema. Se o jacobinismo nacionalista uniformizou, nivelou e fez desaparecer as diferenças regionais dentro de cada Estado, agora as diferenças entre Estados tendem a nivelar-se e desaparecer em benefício do cosmopolitismo.

Quando ainda hoje se examinam as posições que determinados "líderes" da União Europeia tomaram percebe-se que neles existe todavia o lastro nacionalista (ingleses a boicotar o euro, polacos e checos servindo os interesses dos EUA facilitando a entrada da Turquia na UE, franceses enfrentando os austríacos, etc.), já sem falar das guerras balcânicas que fustigaram aquela zona durante 10 anos ou sobre os delírios do lendakari Ibarreche[15] crendo que o seu inimigo é "Espanha" sem aludir em absoluto ao verdadeiro adversário das nações e dos povos: a globalização.

A aparição do nacionalismo gera, necessária e inevitavelmente, o surgimento de outro de sinal contrário nos países vizinhos. Desta forma estes protegem-se contra a agressividade expansionista que implica por definição todo o nacionalismo. Se tal agressividade não estivesse presente, não estaríamos de facto perante um nacionalismo. Todo o partido nacionalista tem como lei interna criar um "Estado-Nação" que corresponde ao seu âmbito. Todo o partido nacionalista tem como objectivo a independência nacional, não como um fim em si mesmo, mas como um meio para alcançar um fim: a supremacia

---

[15] Juan José Ibarretxe Markuartu é um político basco, ex-presidente (lehendakari) da Comunidade Autónoma do País Basco. (N.T.)

sobre outras unidades nacionais vizinhas. O nacionalismo catalão gerou como resposta a aparição de um nacionalismo valenciano mais anti-catalão que anti-espanhol; o próprio nacionalismo espanhol, depois de irromper pela história do século XIX gerou, por sua vez, em poucas décadas, os nacionalismos catalão e basco.

Império

O nacionalismo é um fruto da modernidade; no mundo pré-moderno existiu a noção de Império. Império e Imperialismo são dois conceitos que não se confundem necessariamente, sendo este último o processo n qual uma potência conquista, domina e explora e (se puder) aniquila culturalmente outras. Sob o domínio de Carlos V, imperador que reunia em torno de si territórios extremamente diversos, não se produziram choques nem interferências culturais, nem tão pouco limpezas étnicas: sempre se respeitou escrupulosamente as peculiaridades e leis próprias dos territórios integrados no conjunto.

É interessante notar que uma das singularidades mais chocantes dos que em Espanha se consideraram nacionalistas espanhóis, por exemplo, os franquistas, é a de considerar que, com os Habsburgos, Espanha alcançou o seu apogeu para, em seguida, ignorar o modelo em que se baseou esse apogeu. Assim sendo, nos tempos do franquismo falava-se de forma insistente nas glórias de Carlos I de Espanha e V da Alemanha, de Filipe II e mesmo dos restantes austríacos, mas estão dispostos a entender que, naquela época, os monarcas Habsburgos espanhóis respeitavam escrupulosamente a existência de peculiaridades que marcavam as diferenças de si para os seus reinos hispânicos. Esses mesmos nacionalistas espanhóis expoentes do franquismo apresentam os Bourbon como uma dinastia mais, apesar da decadência que trouxe para Espanha, ignorando que foram os Bourbon aqueles que acabaram com essas peculiaridades provinciais dos reinos hispânicos, e enquanto enchiam a boca com a "Espanha una", ignoravam que até às Cortes de Cádis nem um só documento oficial da Corte da Monarquia Católica falou jamais de Espanha, tendo-se empregue sempre a fórmula de *"as Espanhas"*.

A teoria dos três círculos

Face à globalização e à mestiçagem, ou seja, face aos elementos que tornarão o nosso mundo irrespirável até ao limite, os *slogans* são dois: *enraizamento e identidade.* Enraizamento no quê? Qual identidade?

Nascemos sobre uma terra; esta terra é a "pátria carnal" ou "pátria-mãe". Vivemos numa Nação-Estado ou "pátria grande". O processo histórico e os destinos políticos alteram a dimensão nacional. A história é uma projecção dinâmica da vontade dos seres humanos. Enaltecer tal dinamismo é uma exigência para uma justa orientação política. Para o celta povoador das nossas terras em tempos remotos, o seu horizonte reduzia-se à tribo. Não concebia a ideia de Estado, nem a de Destino, e muito menos a de Missão. Revia-se em outras tribos semelhantes que praticavam os mesmos ritos, dominavam as mesmas técnicas e fisicamente tinham uma inegável semelhança. Todos estes factores constituíam uma "identidade". As diversas tribos celtas, enraizadas cada uma num terreno particular, tinham também a convicção de pertencer a uma mesma "nacionalidade"; esses factores diferenciais delimitavam a sua "identidade". No momento em que entravam em contacto com outros povos e outras tribos que mantinham costumes diversos (o tipo de culto, a forma de enterrar os seus mortos, o carácter patriarcal ou matriarcal da sociedade, etc.), os celtas e qualquer outro povo antigo tinham imediatamente consciência se "os outros" compartilhavam a sua própria identidade ou não. Com os primeiros uniam-lhes laços de solidariedade, com os segundos reserva e desconfiança.

Naturalmente a evolução histórica fez com que tudo isso se alterasse e devesse necessariamente alterar a sua dimensão. Apenas permaneceu estável o enraizamento à terra-natal, mudou o seu conteúdo, mas não a sua orientação: a relação do ser humano com a sua terra-natal era uma relação de proximidade e imediatismo. Cada qual amava a região onde tinha nascido e estava persuadido de que albergava algo dela no seu interior, na sua psicologia e na sua forma de ser. Regiões distintas ou nacionalidades distintas acabaram por se aproximar mediante processos históricos bem distintos e formaram primeiramente os reinos e logo de seguida os Estados Nacionais. Estes, a partir do século XVIII configuraram-se como núcleos de convivência articulados pelo Estado. Mas esta dimensão nacional não seria eterna. Apenas dois séculos volvidos, tornou-se evidente que a dimensão nacional era demasiado pequena para responder às necessidades de um mundo cada vez mais complexo. A investigação científica, a renovação tecnológica, a produção industrial, a defesa nacional: tudo havia adquirido uma envergadura e um custo tais para uma só nação – a não ser que se tratasse de uma superpotência – que esta não estava mais em condições de poder assegurar o progresso e a independência. Além do mais, a partir de 1945 o mundo já se havia tornado mais pequeno por causa do desenvolvimento das comunicações e dos transportes. Foi a Europa Ocidental que, em meados dos anos 50, percebeu que para sobreviver economicamente e evitar as lutas fratricidas, se deveria iniciar um processo de convergência. Inicialmente este processo foi unicamente económico e a partir de Maastricht passou a ser político. Hoje a União Europeia, se tem como objectivo superar a sua instabilidade económica interna, pode converter-se em apenas algumas décadas, numa federação de Estados Nacionais capaz de competir em peso e influência com os Estados Unidos e subtraindo-lhe no controlo da Eurásia. A União Europeia garante a viabilidade de grandes projectos de pesquisa que não estariam em absoluto ao alcance de qualquer dos países que a compõem. Pressupõe, dessa forma, um mercado importante de consumo e de recursos. A sua unicidade interior é aceitável e o seu nível cultural e tecnológico é, pelo menos, tão alto como o dos Estados Unidos. Existe uma possibilidade de enraizamento nas regiões e nacionalidades e uma identidade própria dos Estados Nacionais, mas também da União Europeia.

Esta sucessão de factos novos marca três círculos perfeitamente diferenciados e, sobretudo, complementares: Região, Espanha, Europa. Tais são as três vias para definir o enraizamento e a identidade. Estas três vias têm um denominador comum: a cultura europeia formada por três contributos: a cultura clássica, a cultura nórdico-germânica e a cultura católica. Nós, somos como somos, porque os nossos ancestrais procedem da fusão destas três culturas.

As três componentes da Europa

A cultura clássica tem na Grécia as bases éticas e teóricas. Em Roma, este fundamento universaliza-se e une-se ao pragmatismo civilizador. A Roma e a Grécia dóricas e Aqueu são filhas da mesma mãe, tanto como a Europa é filha de Roma. Mas quando o espírito de Roma se apagou após um milénio de guerras e de acção civilizadoras, quando morreram os seus melhores filhos, o espírito dos antigos Aqueus, dórios e latinos reviveram com as invasões germânicas. Graças a elas rectificou-se o espírito do cristianismo primitivo e da sua síntese surgiu a Catolicidade Medieval. A contribuição hebraica e muçulmana para a cultura europeia é residual, marginal e localizada em alguns (poucos) séculos da Idade Média.

Ainda deveria ser incorporado um último elemento que pressupunha, num certo sentido, um retorno às origens. O humanismo renascentista recuperava em boa medida a temática da antiga tradição grega, juntando inclusive um interesse científico para explicar o mundo e a sua natureza, que também se podia encontrar nos pré-Socráticos e suas especulações.

Um pensamento deste tipo que unira o pragmatismo aos princípios, a objectividade ao idealismo e a meditação sobre a realidade e a acção para a transformar, só poderia ter nascido na Europa. Não é de admirar que o eixo da civilização mundial tenha tido na Europa o seu polo de referência e que, ao contrário dos Estados Unidos, onde a única base é a dissidência religiosa dos séculos XVII e XVIII e um pragmatismo sem princípios, que teve como resultado o aparecimento de uma população extremamente tosca, mas ao mesmo tempo dotada de uma imensa capacidade destrutiva. Não é de admirar que a especulação científica do século XIX europeu tenha advertido acerca da perversão de uma "ciência sem consciência". O espírito da "Velha Europa" é precisamente o oposto.

O espírito da Europa, o nosso espírito

Esta Europa, durante séculos, desde Salamina e Himera, desde as Termópilas, afirmou a sua identidade; voltou a afirmá-la ao longo de três longas guerras púnicas no decurso das quais o poder dos adoradores da deusa, de Tanit e de Astarte, Cartago, foi liquidado. Afirmou-se quando uma coligação de romanos, francos e visigodos espanhóis deteve os hunos nos Campos Cataláunicos. Voltou a renascer em Covadonga e nos vales dos Pirinéus catalães. Entre a velha nobreza visigoda que não aceitou o tributo ao Islão e empreendeu a reconquista. Apareceu de novo na colonização da América no mesmo momento em que as galés lideradas por Don Juan de Áustria venciam os turcos em Lepanto e detinham o avanço islâmico às portas de Viena. Porém este espírito quebrou-se na Paz de Vestefália que carimbou a balcanização da Europa.

A partir desse momento, a Europa tem estado progressivamente ausente das grandes questões internacionais e embarcada numa sucessão interminável de guerras nacionais que somente a criação da União Europeia pôs um fim. A partir da Segunda Guerra Mundial, o terceiro conflito entre a França e a Alemanha em apenas quatro gerações, com a descoberta da energia atómica e dos meios de destruição massiva, era evidente que ambos os países tinham de rever a sua história recente e estabelecer formas de cooperação e integração, ou então, caso contrário, o próximo conflito poderia ser o que acabaria definitivamente com as duas partes da contenda. Há que reconhecer, primeiro à "Europa Verde", em seguida à "Comunidade Económica Europeia" e, finalmente, à "União Europeia" surgida de Maastricht, o valor de ter conseguido travar o permanente confronto intereuropeu que desde a paz de Vestefália agitava periodicamente o continente. Os "construtores da Europa" não a emanciparam da globalização, mas criaram as condições para que um dia se possa emancipar.

Nós, como espanhóis, não podemos permanecer alheios a este acontecimento que, sem dúvida, foi um marco na história das nações europeias. Pois bem, este marco apenas se viu obscurecido pela atitude da nossa classe política de olhar na direcção de Washington, em vez de focar a sua atenção nos nossos próprios vizinhos.

Três círculos de proximidade: Europa

Enquanto europeus (e, portanto, membros de uma comunidade nacional e de nacionalidade ou região) vivemos uma situação extremamente rica em termos das nossas identidades de referência; e termos nascido num determinado contexto geográfico dá-nos a possibilidade de estar enraizados num território específico. Esta situação privilegiada possibilita a existência do que poderíamos denominar de *três círculos de proximidade*: Europa, Espanha e a Região ou a Nacionalidade. Vamos tentar perceber como se pode articular esta relação.

A Europa é a totalidade, as raízes mais recentes e a dimensão geopolítica que convém nos momentos em que só existe um "Império" mundial decadente, sem qualquer Estado Nacional capaz de enfrentar os seus abusos, os seus excessos e a sua política criminal homicida, agressiva e cínica. A Europa tem o dever moral de assumir a sua defesa (fora do âmbito da NATO) frente aos desmandos do "Impérios" e à agressividade do mundo unipolar. E só o pode fazer reconhecendo que a aproximação entre as suas partes distintas é mais desejável que uma Europa balcanizada e sem peso político; que a convergência das suas nações e a formação de uma federação continental é a única alternativa que proporcionará uma dimensão geopolítica e económica com envergadura suficiente para debilitar a presença norte-americana na Eurásia.

Além do mais, este bloco tem, como vimos, bases históricas e ideológicas suficientes que justifiquem a sua existência. Mundo clássico, mundo indo-germânico e mundo católico são os elementos distintivos da Identidade Europeia, o círculo identitário de maior amplitude.

O papel das pátrias carnais

No outro extremo encontra-se de menor entidade qualitativa: as pátrias carnais, as terras que nos viram nascer. São os valores da proximidade, do estar junto aos nossos ancestrais, dos costumes e do folclore local. Nestas pequenas parcelas de terra, hoje chamadas de "nacionalidades do Estado Espanhol" e "autonomias", geraram-se migrações internas a partir do século XVIII, quando já despontavam os primeiros alvores da industrialização. A existência constante destas migrações internas entre todas as regiões de Espanha continuou imparável até ao último quartel do século XX. Duzentos e cinquenta anos deste tipo de deslocalizações não criaram tensões. É inevitável que aqueles que nasceram sobre uma determinada terra se considerem apegados a essa terra e aos seus costumes ancestrais; da mesma forma que é inevitável que aqueles que tenham chegado de outras terras, continuem fiéis à sua língua de origem, às suas tradições e à sua forma de ser e de estar. Na medida em que os abismos entre ambas as comunidades, a emissora e a receptora, não são insuperáveis e que as duas comunidades estão comprometidas com a integração, isto é possível. Além disso, entre um andaluz, um murciano, um extremadurense ou um galego chegado à Catalunha, não há diferenças excessivas com a cultura vivida por um Catalão desde a sua infância. Longe de existir um abismo cultural, étnico ou antropológico, o que existe é antes uma contiguidade. De notar que existe uma língua veicular comum, o espanhol, falado por 400 milhões de pessoas, idioma pujante que seria absurdo ocultar, subvalorizar ou simplesmente ilegalizar tal como pretendem alguns nacionalismos.

Hispânia, a origem histórica de Espanha

Uns preferem falar de "regiões", outros de "nacionalidades" e outros de "nações sem Estado". É evidente que se trata, em princípio, de ser realista: a transição generalizou o "café para todos" e a questão das "nacionalidades históricas" são transplantadas para outras catorze autonomias, para maior glória de UCD[16]. A história de Espanha está suficientemente interligada para que haja algum iluminado que pretenda elaborar uma história separada de qualquer povo peninsular desvinculada do resto do conjunto. Desde que os

---

[16] A União de Centro Democrático foi uma coligação política e posteriormente um partido político espanhol de centro, cujo líder foi Adolfo Suárez. (N.T.)

romanos puseram o pé na península Ibérica, chamaram ao "extremo-ocidente": *Hispaniae,* o país das Hespérides. Essa designação foi coroada de sucesso e ao longo dos séculos prosperou e ganhou identidade própria. Espanha era pois *muito anterior* à conversão de Recaredo[17]: foi uma unidade política antes de ser uma unidade religiosa. E, além disso, esta foi também terra de heresias, desde Prisciliano até ao arianismo. Reduzir a história de Espanha à história da Espanha católica tal como fez certa corrente historiográfica pressupõe amputar o nosso passado dos primeiros séculos: as tribos iberas e celtas tinham consciência de autonomia e compromissos de defesa e comércio com os que eram iguais a eles. Compartilhavam um território geopoliticamente homogéneo e formavam, não tanto uma "unidade nacional" (dificilmente podia existir algo que derivaria de um conceito desconhecido na época) mas uma unidade geopolítica e antropológica, muito similar a outras unidades que povoavam o resto da Europa.

As "nacionalidades"

A história fez com que, em algumas zonas de Espanha, se afirmasse uma vida própria com uma riqueza e uma intensidade que não se produziu em outras. O reino suevo da Galiza é um exemplo; as revoltas da nobreza visigoda na Catalunha outro; logo, a formação dos reinos peninsulares e das línguas românicas criou outros elementos novos que deram personalidade às "nacionalidades". Mas não que há que nos enganarmos com tudo isto: até bem ao início do Renascimento (e inclusive séculos depois) era mais importante a pertença a uma casta ou a um estrato social do que a uma "nacionalidade". O nobre catalão entendia-se muito melhor com o nobre castelhano que com o clérigo catalão. O artesão galego falava a mesma linguagem do artesão basco ou de outra nacionalidade espanhola ou até mesmo europeia. Demonstra-se assim como a sociedade medieval foi uma sociedade supranacional na qual as divisões horizontais (geográficas e "nacionais") tinham muito menos

---

[17] Rei visigodo. (N.T.)

83

peso que as divisões "verticais" ou de estrato social.

Autonomias e "fides"

De facto, o conceito de reino ou de nacionalidade que se tinha até bem à entrada da Idade Moderna não tinha nada a ver com o conceito "estado nacional independente" que existe hoje e que não é mais que uma sequela da modernidade. Daí a legitimidade do segundo círculo de enraizamento: o Estado Nacional, quadro jurídico-administrativo, geopolítico e histórico que no nosso caso é Espanha. Graças ao Estado Nacional, foi possível abolir as perniciosas tendências do absolutismo, assim como os excessos uniformizadores da revolução francesa e do jacobinismo. O quadro de convivência no qual cada região ou nacionalidade aceita as regras do jogo, com o espírito da velha *fides* evidenciado através de um estatuto de autonomia, pressupõe um retorno às formas políticas que sempre imperaram na Europa e que foram abolidas pelo absolutismo monárquico e pelo jacobinismo revolucionário.

A tarefa identitária nos tempos modernos

Admitindo a teoria dos três círculos de enraizamento e identidade por ordem de dimensão geopolítica (Europa, Espanha, Região ou Nacionalidade) ou então por proximidade (Região ou Nacionalidade, Espanha, Europa), admitindo um substrato cultural comum, interesses políticos, económicos e sociais comuns, admitindo que nenhum destes três círculos pode subsistir sem os outros dois (sem Europa os Estados-Nação e as nacionalidades ou regiões carecem de entidade para sobreviver num mundo globalizado; a Europa sem as nacionalidades é uma superstrutura burocrático-administrativa sem alma, da mesma forma que as nações e os Estados-Nação históricos precisam, para subsistir, de uma nova dimensão nacional pan-europeia a montante e uma abordagem anti-jacobina às pátrias carnais, sem as quais apenas será apenas a expressão política das oligarquias económicas locais), é necessário deduzir que estes três círculos de identidade estão intimamente ligados e que nenhum deles, hoje, em pleno século XXI, pode ser independente dos outros dois.

O necessário da trindade identitária

Qualquer um destes três círculos identitários, sozinho e sem o concurso dos outros dois, é incompleto e ineficaz. No entanto estes três, sem a vontade decidida e inquebrantável de defender e preservar a identidade nacional, europeia e regional, não servem absolutamente para nada e abrem as portas à Europa mestiça, aos Estados nacionais modelados à imagem e semelhança do "amigo americano" ou às regiões e nacionalidades transformadas em manifestação das ideias mais limitadas e paroquiais sem projecção universal.

Os três círculos identitários na luta política diária

Estes três círculos devem estar também presentes na luta política quotidiana. A Europa é tanto passado como futuro: a nossa origem e o nosso destino. As regiões e nacionalidades são a possibilidade de enraizamento na terra natal e na pátria carnal. O Estado Nacional e a Nação são entidades formadas por uma vontade histórica de convergência de distintas nacionalidades ou regiões e, além disso, são elas que no nosso momento presente garantem um arsenal legislativo e institucional capaz de resistir à pressão da globalização.

Estes três círculos formam a nossa identidade. É impossível que sobreviva um sem o concurso dos outros. Qualquer abordagem que não contemple, englobe e articule os três, não só é incompleta, como também resultará em algo estéril; da mesma forma que um ser humano sem corpo é uma entidade morta, sem alma é um ser amputado da parte transcendente e sem espírito é um cérebro vazio de ética, pensamento e psicologia. Os três círculos são os três níveis que definem a nossa identidade.

Para os afirmar é necessário lançar para bem longe os impulsos derivados dos resíduos do absolutismo das monarquias do século XVIII, logo herdadas pelos jacobinos do século XIX. Eis que os programas políticos dos movimentos identitários devem incluir estes três níveis que compõem a nossa identidade como pessoas, como comunidade histórica e como destino. E neste sentido, devem estar abertos, *a jusante,* às pátrias carnais; *a montante,* ao destino europeu. Isto implica incorporar aos movimentos identitários espanhóis duas dimensões que ocuparam um lugar secundário em relação ao eixo central do movimento identitário espanhol, que até agora tem sido o conceito de Espanha-Nação como único sujeito histórico a ter em conta. Se hoje, em pleno século XXI, não se abre a *montante* nem a *jusante,* subsistirá como sobrevivência do mesmo conceito que se defendeu nos últimos tempos do absolutismo de Bourbon e nos primeiros tempos do liberalismo jacobino do século XIX e que tiveram um ressurgimento por causa das condições históricas próprias do século XIX nas primeiras formas do franquismo do pós-guerra.

Por um pensamento "arqueofuturista"

Uma das obras mais importantes sobre o futuro da Europa e a formação de um novo pensamento alternativo é a obra de Guillaume Faye intitulada *"El Arqueofuturismo"*[18]. Faye, lança uma série de cargas de profundidade doutrinária nesta obra a fim de estimular a polémica e avivar o debate.

Esta obra, longe de constituir uma traição ou uma rectificação à nossa tradição política, implica na realidade um retorno às origens. O pensamento identitário em Espanha não pode ter só uma resposta "arqueofuturista" para os problemas da nossa comunidade: encontrar respostas no nosso passado ancestral (o "*arqueos*") e ter o valor de incorporar as soluções propostas pelas ciências de vanguarda e as novas tecnologias (o "*futurista*").

Se fôssemos buscar à mitologia clássica os modelos que podem

---

[18] A edição espanhola desta obra é ilegal. Na língua inglesa a obra foi editada pela Arktos, a 1 de Setembro de 2010, com o título "Archeofuturism: European Visions of the Post-Catastrophic Age". (N.T.)

inspirar o europeu do futuro, estes seriam dois: Hércules e Prometeu. Hércules mostra-nos uma concepção da vida como combate, luta, superação e destino. Prometeu fala-nos do valor do sacrifício altruísta e a busca de novas fronteiras científicas e técnicas.

Só na Europa, desde tempos imemoriais, surgiu a necessidade de experimentar uma síntese entre "tradição" e "revolução", entre "sabedoria ancestral" e "ciência moderna", entre retorno às origens e conquista de novas fronteiras científicas e, por isso, a Europa é a terra abonada para encarnar o surgimento de um Homem Novo a partir das nossas tradições mais ancestrais e conjugá-las com o progresso científico mais avançado.

Enraizamento na terra que nos viu nascer, um sistema de identidades dividido em três níveis complementares, fidelidade ao Estado-Nação, patriotismo entendido como forma de encarnar os valores eternos de uma comunidade assente sobre uma terra, tendência para reconstruir a unidade supranacional de *"Imperium"* no quadro europeu... estas são algumas das linhas pelas quais deve se deve reger a renovação do patriotismo no século XXI.

IV

A família na Europa

Célula básica da Identidade

A Europa de hoje á altamente tributária do mundo clássico. Tanto é assim que alguns de nós pensamos que a solução para o Velho Continente é combinar os avanços científicos mais destacados nascidos do génio da Europa com a tradição mais ancestral. E esta é a herança clássica. Porque foi aqui, na sagrada terra da Europa, de onde nasceu a democracia, o pensamento científico e tudo aquilo pelo que hoje vale a pena viver e inclusive sacrificar-se. E foi também no mundo clássico de onde nasceu uma concepção da família que merece ser recuperada. O nosso guia nesta etapa vai ser o brilhante Fustel de Coulanges e a sua não superada e mais que centenária obra "A Cidade Antiga".

Fustel explica que se transladarmos com a imaginação ao mundo clássico, encontraremos em cada casa um altar e em redor desse altar uma família congregada. A família tem consciência de si mesma graças à memória dos seus antepassados. Se carecesse dos seus antepassados, nem sequer existiria. Os vivos e os mortos estão unidos em torno deste altar e não longe dele, sempre próxima da casa, encontra-se o túmulo dos antepassados, o qual Fustel denomina de *"a segunda mansão da família"*. E acrescenta: *"ali repousam várias gerações de antepassados comuns: a morte não os separou. Permanecem agrupados nesta segunda existência e continuam a formar uma família indissolúvel"*. Porque aquilo que une os membros da família antiga é a religião do lugar e dos antepassados, sem dúvida a melhor e mais realista de todas as religiões. Daqui resulta ser difícil que a presença de um deus, ignoto e improvável, condicione o nosso comportamento quotidiano, mas a fidelidade aos antepassados, aos do nosso sangue, da nossa linhagem, aos que nos precederam e dos quais somos os últimos mastros - essa sim – tem a força do compromisso.

A família antiga tinha o seu altar na sua casa. Casa, religião, família, eram o mesmo. É por isso mesmo que Foustel pode dizer com justiça: *"Uma família era um grupo de pessoas a quem a religião permitia invocar a mesma casa e oferecer a comida fúnebre aos mesmos antepassados"*. O fundamento da família era religioso e cultual. Separando-se da família, o indivíduo ficava à margem da sociedade: espiritualmente era um caso perdido porque jamais a sua memória seria venerada pelos membros da sua família. A ideia era que ao morrer, o homem clássico perdia o seu corpo físico, mas uma entidade mais profunda continuava a acompanhar os membros da sua família e manifestava-se através do fogo sagrado da casa, situado no altar do culto doméstico. Além do mais, as famílias patrícias romanas podiam estabelecer com toda a precisão a origem da sua linhagem em algum deus ou herói da mitologia clássica: Hércules, Agamenón, Aquiles, Marte, etc. E teria de se ser fiel à linhagem dos antepassados porque eles eram deuses.

Cada culto doméstico era diferente e particular. Quando uma jovem pertencente a uma determinada família se enamorava por um jovem de outra família e acabava por se casar com ele, não se tratava só de uma boda com consequências sobre a herança, o dote, a descendência, mas que afectava todo o culto doméstico. Abandonar a casa paterna e contruir outra com o esposo, equivalia a converter-se a uma outra religião: daí a importância do matrimónio e a relevância da eleição. Por esta razão os antigos chamavam ao matrimónio de "cerimónia sagrada".

A boda, se é que assim pode ser chamada, era constituída por três episódios: o primeiro ocorria na casa do pai, o terceiro na casa do marido e o segundo era a transição de um para o outro. Inicialmente o pai da noiva, em sua casa, oferecia um sacrifício aos antepassados e declarava que entregava a sua filha ao noivo. O matrimónio só era considerado válido se o pai consentisse que a sua filha estava "desfiliada" do culto doméstico. Para entrar na nova religião doméstica devia, previamente, abandonar a antiga. A segunda fase era uma cerimónia iniciática que equivalia a um rapto: não era em vão que o marido segurava a noiva nos seus braços e assim entravam na nova casa. As amigas da noiva e ela própria deviam gritar e realizar um simulacro de resistência, ainda que, claro está, nenhuma pretendesse que o "rapto" fracassasse. Já na casa, o esposo colocava a esposa na presença da divindade doméstica. Ele aspergia-a com água lustral e tocava o fogo sagrado. Rezavam umas orações e juntos comiam um naco de pão, frutas e vinhos. As três fases chamavam-se: *tradição, deductio in domun* e *confarreação*. A fórmula romana: *"Nu ptiae sunt divini juris et humani communicatio"* implicava que a mulher fazia já parte da religião do marido.

Assim concebiam os nossos antepassados – todos nós, os filhos da Velha Europa somos, mesmo assim, filhos do mundo clássico – a união de um homem e de uma mulher com o intuito de formar uma família. Por isso, Fustel conclui: *"A instituição do matrimónio sagrado deve ser tão antiga na raça indo-europeia com a religião doméstica, pois uma está unida com a outra. Esta religião ensinou ao homem que a união conjugal é algo mais que uma relação de sexos e um afecto passageiro, pois uniu dois esposos com os poderosos laços do mesmo culto e das mesmas crenças"*.

O matrimónio era, por tudo isto, sagrado e indissolúvel. Não era com facilidade que estes romanos concediam o divórcio civil... o civil, porque o matrimónio religioso não se dissolvia pelo equivalente ao tribunal da Rota Romana[19], sem que se realizasse outra cerimónia sagrada. *"Só – diz Fustel – a religião podia separar o que a religião havia unido"*.

Colocava-se logo em seguida a questão dos filhos. Cada romano e cada grego tinham o máximo interesse em deixar, pelo menos, um filho atrás de si, porque deles dependia a sua própria imortalidade. E mais: ter filhos era um dos deveres para com os antepassados, pois a sua fortuna podia durar tanto quanto durasse a família. No mundo indo-europeu o primeiro filho recém-nascido chamava-se "o filho do

---

[19] O Tribunal da Rota Romana (*Tribunal Rotae Romanae*) ordinariamente funciona como instância superior no grau de apelo junto da Sé Apostólica, para tutelar os direitos na Igreja; provê à unidade da jurisprudência e, mediante as próprias sentenças, serve de ajuda aos Tribunais de grau inferior. É um órgão regido por lei própria. (N.T.)

dever", os demais eram filhos do amor, da paixão ou dos efeitos de uma noite ao luar. Mas o indo-europeu devia antes de tudo cumprir com o seu dever engendrando o descendente que criava a possibilidade de prolongar a linhagem. Porque o matrimónio era pouco menos que obrigatório. Fustel conta que Dionísio de Halicarnasso encontrou nos velhos anais de Roma uma lei que prescrevia o matrimónio dos jovens. Elogiou a lei e amaldiçoou o tempo futuro que a perdera. Cícero, nos seus comentários sobre o direito romano, diz que proibia o celibato. E Fustel compila tudo isto, concluindo: *"o homem não se pertencia, apenas pertencia à família"*.

Do conceito de família (como agrupamento dos que procedem da mesma linhagem em torno do altar doméstico), passámos pela análise do vínculo que o torna possível (a boda com as suas três fases), para logo a seguir chegar à importância que adquiria o "filho do dever" (enquanto propagador da linhagem). Não obstante, se alguém crer que isto era suficiente, erra por completo. Não era suficiente conceber um filho. O filho, além do mais, devia ser concebido no enquadramento de um ritual sagrado para que pudesse ter o poder de perpetuar a religião doméstica (e, como tal, a própria família). O vínculo de sangue não era suficiente para prolongar a família: era preciso um vínculo superior. Fustel, uma vez mais, explica com brilhantismo: *"o filho nascido de uma mulher que não tivesse estado associada ao culto do marido pela cerimónia do matrimónio, não podia participar por si mesmo no culto"*. O casamento era, por esta razão, obrigatório. O seu objecto não era o prazer, nem a fusão da fortuna patrícia com a modéstia ou com a pobreza plebeia. O matrimónio servia para unir dois seres do mesmo culto doméstico para fazer nascer um terceiro que fora apto para dar seguimento a este culto.

Contudo, era claro que, se a mulher fosse estéril o casamento poderia ser dissolvido sem excepções. É fácil perceber que o fundamental para o grego e para o romano antigos era que a família não se extinguisse e que a chama do culto doméstico jamais se consumisse. E a este objectivo se subordinava a paixão, o pragmatismo e o amor. Mais ainda: nas legislações indo-europeias mais antigas, se a esposa enviuvava, estava escrito que deveria casar-se com o familiar mais próximo do marido. E se tinha filhos com ele, estes eram considerados filhos do falecido.

O nascimento de uma filha que não pressupunha cumprir com o "filho do dever". Tinha de ser filho varão. Mas ter um varão não era suficiente. Era necessário recebê-lo na comunidade religiosa familiar. O rito prescrevia que, inicialmente, o filho fora reconhecido pelo pai. Depois vinha a iniciação que os romanos celebravam no nono dia de vida do recém-nascido, os gregos o décimo e os Hindus o décimo segundo. Nesse dia que a criança era apresentada aos deuses domésticos, uma mulher devia levá-la nos braços e dar com ela várias voltas em torno do fogo doméstico. A partir desse momento, considerava-se que a criança tinha entrado na comunidade familiar, estava obrigado (obrigado será dizer muito, "tinha o direito" será talvez mais apropriado) a praticar o culto doméstico e a professar a religião dos seus antepassados. Porque era um privilégio, e não uma obrigação.

Observe-se que estas concepções estavam fortemente enraizadas, afectando todas as instituições, legislação e família. Naqueles tempos a esperança média de vida era curta, não só pelas condições de saúde precárias, mas também pela abundância de guerras. Havia tendência, portanto, para que as famílias fossem mais numerosas; a própria matrona romana era o símbolo da fertilidade e das necessidades daquela sociedade tão rude como pura e essencial. Além disso, se alguma coisa caracterizava Roma era o pragmatismo. Daí que existisse todo um ritual de adopção que garantia a incorporação das crianças sem vínculo de sangue na linhagem. Quando uma linhagem carecia de filhos varões, a legislação e o ritual permitiam que se incorporasse um. Repetiam-se as mesmas exigências quanto ao casamento: para que uma criança pudesse ser integrada numa nova religião devia abandonar a antiga. Quando se adoptava uma criança era preciso, antes de tudo o resto, iniciá-lo no culto familiar: *"introduzi-lo na religião doméstica, aproximá-lo a*

Penates"[20]. O laço do nascimento era quebrado, o vínculo outorgado pela iniciação era mais forte e, desde logo, maior. Era integrado numa nova família, e, como tal, era necessário libertar-se da anterior; ou seja, devia emancipar-se da religião praticada pela sua antiga família que, a partir desse momento, já não era nada para ele. Para o mundo clássico, o laço de sangue nada significava na hora de estabelecer um parentesco – qualquer que ele fosse - era necessário o vínculo do culto. Porque - sempre Fustel - *"a religião determina o parentesco"*. A criança não poderia receber a herança do pai se com ele não compartilhasse o culto doméstico, ou se tivesse abraçado outra forma de culto.

Demos mais um passo ao falarmos de herança: a propriedade. Ao contrário do que alguns têm tendência a pensar, a propriedade privada nem sempre existiu. O estabelecimento da propriedade privada foi longa, difícil e não foi feito de maneira uniforme. Os alemães cultivavam a terra e eram donos da colheita... mas não da terra. As tribos indo-europeias reuniam-se anualmente para deliberar quais as parcelas de terra que os seus membros deviam cultivar. Havia variantes: para os gregos, a colheita era propriedade comum e apenas a terra pertencia ao património da família. Mas qualquer que fosse o resultado final, a verdade é que nas sociedades indo-europeias a religião doméstica, família e o direito de propriedade estavam intimamente unidos. Cada família tinha os seus deuses e o seu culto; a propriedade tem início precisamente com esse conceito: a família é proprietária colectiva dos deuses. Numa segunda etapa, dado que os deuses estão firmemente assentados no culto doméstico, ou seja, em casa, e esta assente num terreno, há finalmente uma relação misteriosa entre os deuses e o solo. E isso estava enraizado de tal forma que a pena de desterro pela qual o sujeito devia abandonar o país dos seus antepassados, era considerada tão grave como a pena de morte e talvez ainda mais porque pressupunha

---

[20] Na mitologia romana, os *Penates* eram os deuses do lar, adorados tanto pelos romanos quanto pelos etruscos. Os penates eram deuses responsáveis pelo bem-estar e prosperidade das famílias. Não tinham nomes individuais, apenas a designação genérica *Penates*. No altar doméstico, anteriormente referido, a imagem do Lar era colocada entre as imagens dos dois Penates. (N.T.)

vaguear pelo mundo como um morto em vida, sem relação com uma linhagem, com um culto familiar e com uma casa.

Depois dos deuses, a casa - templo desses deuses - constitui a segunda etapa do surgimento do direito de propriedade. Mas, observe-se, que não se trata de uma propriedade individual, mas sim familiar. Aquela continuava a não existir. A casa tinha uma porta e esta devia permanecer fechada, por segurança? Para preservar a privacidade? Apenas em parte: não convém que a casa permaneça aberta para que alguém fora da família veja o desenrolar do culto doméstico. Por isso os deuses deste culto chamam-se *"penates"*, literalmente deuses interiores ou ocultos. Por esta razão, a casa é isolada do exterior através de uma cerca que delimita um recinto sagrado que o deus protege e vela. A violação deste recinto implica, não um ataque à propriedade privada, mas sim um sacrilégio e uma demonstração de impiedade. Resulta daí a dureza com que, no mundo antigo, sempre se puniu a "invasão de domicílio". A casa era inviolável: o deus doméstico - comenta Fustel - *"afugentava o ladrão e afastava o inimigo"*. O recinto sagrado era o *herctum*[21], e no seu centro estava o altar da casa. Cada casa deve estar isolada das outras; não poderia haver nenhuma parede em comum: olhe-se para qualquer bloco de apartamentos da nossa cidade e para as cobiçadas "casas de cidade" e veja-se até que ponto estamos hoje na inversão do conceito antigo de casa. *"O que é que há de mais sagrado que a morada de cada homem?"* – questionava-se Cícero. Hoje seria fácil responder-lhe: a televisão, o automóvel. E quanto ao que hoje chamamos de "invasão de domicílio" punível com quatro anos, três meses e um dia, noutro tempo constituía um sacrilégio. Fustel - sempre Fustel - escreve: *"Para invadir o campo de uma família era necessário derrubar ou deslocar um limite; ora bem: este limite era um Deus. O sacrilégio era horrendo e o castigo severo "*. Os romanos, que para estes casos não se dispersavam com miudezas, estabeleceram na sua lei mais antiga: *"Se tocou no término com a grade do seu arado, que o homem e os seus bois sejam consagrados aos deuses infernais"*, em outras palavras que o homem e o boi

---

[21] Expressão latina que significa herança, ou a forma de a dividir. (N.T.)

tinham que ser sacrificados em expiação.

Ninguém podia vender a sua própria casa – para horror das imobiliárias e desespero dos gestores hipotecários -, nem renunciar a ela. Era uma lei antiga. Nem vender o terreno ou dividi-lo. A coisa é coerente: *"Fundada a propriedade no direito laboral, e homem poderá eliminá-la. Fundada na religião tal já não será possível, porque um vínculo mais forte do que a vontade humana associa o homem à terra".* Fustel mais uma vez. A propriedade não é propriedade de um indivíduo: este é o seu depositário enquanto mero elo da cadeia da linhagem. Por esta razão a desapropriação para fins de utilidade pública era desconhecida pelos antigos. A Lei das Doze Tábuas prescrevia a impossibilidade de confiscar as terras de um devedor, mas com a mesma autoridade estabelecia que o corpo deste pertencia ao credor. A sociedade antiga não brincava com certas coisas.

O direito de sucessão estava plenamente regulamentado e garantido. Cícero resumiu: *"A religião prescreve que os bens e o culto de cada família são inseparáveis e que o cuidado dos sacrifícios recaia sobre aquele que recebe a herança".* E um advogado grego especificava perante o Tribunal: *"Reflictam bem, juízes, e decidam entre mim e o meu adversário, quem deve herdar a propriedade de Filemón e fazer cumprir os sacrifícios sobre o túmulo".* Porque o cuidado do culto e a sucessão são inseparáveis. Fustel conclui de tudo isto que: *"transmitindo-se a religião doméstica de varão para varão, a propriedade é herdada da mesma forma".* O que faz com que aquilo que o filho herde não dependa da vontade pessoal do pai. O pai não tinha necessidade de fazer testamento: o filho herda sem quaisquer restrições. Mas é o filho mais velho que herda; não a filha. Por que razão?

Dado que a filha não é adequada para manter a chama da religião doméstica, na medida em que ao casar-se renuncia ao culto da sua própria religião para assumir a do seu esposo, como tal não tem direito à herança. Fazer da filha herdeira implicaria deixar o altar doméstico sem culto. E se o pai morresse sem filhos? Então tentava-se encontrar entre os parentes quem deveria ser o continuador do culto. A lei ateniense ditava que *"se um homem morrer sem filhos, o herdeiro é o irmão do falecido, desde que seja irmão de sangue; na falta deste, quem herda é o filho do irmão: pois a sucessão passa sempre para os varões e para os descendentes dos varões".*

De tudo o que aqui foi exposto podemos deduzir que os nossos antepassados não davam qualquer importância ao testamento. Os resistentes habitantes de Esparta baniram-no, simplesmente. Sólon no seu código permitiu-o só a quem morresse sem herdeiros. Legar os bens arbitrariamente foi uma opção que apareceu num tempo muito posterior... Todo o património era indivisível e ia parar ao primogénito, o *"filho do dever"*. O código de Manu, lei dos arianos antigos, estabelecia que *"o primogénito sente pelos seus irmãos mais novos o mesmo amor que um pai sente pelos seus filhos, e que estes, por sua vez, respeitam-no como a um pai".*

O pai de família detinha uma autoridade similar à de um chefe de Estado. Falta saber de onde derivava tal autoridade, mas é claro que se tratava, no papel, absoluta até ao extremo de poder vender e matar o seu filho. No mundo clássico a origem do direito não se encontrava no legislador, mas na família. Os princípios que regiam a família, com o tempo, passaram a ampliar o seu raio de acção e a transferir os seus princípios para um quadro mais amplo.

A autoridade na família, contrariamente ao que se tem tendência a pensar, não a detinha o pai enquanto tal. Há alguém que está acima do pai: a religião doméstica e o deus a que os gregos chamavam de *"dono da casa"* e os latinos *"lar familiae pater"*. Era uma divindade interior ou, mais precisamente, a crença de que nidifica na alma humana uma autoridade incontestável a partir da qual se estabelece a hierarquia familiar. O pai era o primeiro que acendia o fogo sagrado e que o conservava. Era o Pontífice, que estabelecia pontes entre o mundo humano e o dos lares. É da sua responsabilidade dirigir e executar a liturgia e os sacrifícios, pronunciar as orações. A família perpetuava-se através dele. Quando morria transformava-se num ente divino que os descendentes invocavam. A mulher tinha outro estatuto, nem superior nem inferior, simplesmente diferente. As leis indo-europeias consideravam-na como uma menor de idade. Não poderia ter casa própria nem presidir ao culto. Era a *matriarca - mãe da família*, mas perdia o título com a morte de seu marido. Solteira, estava sujeita ao pai; morto o pai, aos irmãos; casada, ao seu marido; morto o marido, aos seus filhos. Que não se veja nesta dependência uma imposição, nem o direito do mais forte, era algo que derivava das crenças religiosas que colocavam o varão como *pontifex* do culto doméstico. A mulher exercia também, num certo sentido, um sacerdócio. Ela tinha os seus direitos decorrentes de ser a encarregada por garantir que a casa não se extinguia. Sem ela, o culto doméstico não estaria completo. Se o *patriarca - pai de família* enviuvasse, perdia esse mesmo sacerdócio. Em contrapartida, a legislação, os costumes e a tradição romana atribuíam à mulher uma grande dignidade, tanto no seu papel de mãe matrona como de amante. Não nos enganemos: poucas sociedades como a romana tiveram em tão alta estima a mulher e a dotaram de semelhante veneração, incomparável com o actual papel social da mulher. O filho, por seu lado, não podia cuidar do culto doméstico enquanto o pai vivesse e era irrelevante se ele se casava e tinha filhos. Na casa romana, na casa indo-europeia, embora não existisse uma igualdade de direitos e de obrigações, havia pelo menos uma dignidade igual. Isso é muito mais do que aquilo que existe hoje.

A religião doméstica era o núcleo familiar, organizando-o. Estão equivocados aqueles que atribuem a este modelo organizacional um machismo inerente à condição de varão do pai. Em absoluto, repitamo-lo novamente, esta preeminência aparecia em função do seu papel no culto doméstico e da sua condição de sacerdote da casa e depositário dos misteriosos ritos do culto e das fórmulas secretas de oração. Fustel de Coulanges realiza uma análise etimológica da palavra *"pater"*. Em grego, latim e sânscrito a palavra era a mesma e tinha significado idêntico. Era uma palavra – e um conceito - antigo, quase poderíamos dizer "originário". Quando os romanos queriam aludir a quem havia contribuído para o nascimento dos filhos, não utilizava a palavra *"pater"*, mas *"genitor"* e os índios *"gânitar"*. Além disso, a sua autoridade estava longe de ser absoluta: era dono da casa e dos seus bens, mas não poderia entregá-los nem eliminá-los. Podia repudiar os filhos, mas não era uma decisão a ser tomada de ânimo leve, pois poderia correr o risco de morrer sem filhos e, consequentemente, a sua família extinguir-se-ia e os *manes* dos seus antepassados cairiam no esquecimento. Não havia – oiçamos bem, nestes tempos de direitos adquiridos e relativismos morais - direito do pai que não fosse acompanhado por obrigações. Era o primeiro entre os membros da sua família, porque lhe correspondiam deveres tão absorventes que, em última análise, não era senão o primeiro servidor da família.

Os *lares* eram os terríveis deuses responsáveis por castigar os seres humanos e velar pelo destino da casa. Os *penates* são os deuses que nos fazem viver, mantêm o nosso corpo e sustentam a nossa alma. Os *manes* são os nossos antepassados convertidos em deuses após a morte. Deuses protectores, deuses da conservação, deuses destrutivos, era difícil para os romanos na sua casa sentirem-se sós: toda uma corte subtil o acompanhava, protegendo-o e segurando-o. Não existia o deus da caridade. Tampouco o amor ao próximo. Um homem via noutro uma entidade externa aos seus ritos, que não os devia conhecer, com o qual não tinha orações em comum, nem mesmo deuses. Portanto, o romano antigo não implorava ao seu deus em benefício de alguém fora da família. Também ignorava o que era a caridade: o romano apenas compreendia os deveres. E o primeiro de todos era contrair matrimónio. O celibato não era apenas uma negligência, era também um crime.

O nosso pai é o mundo clássico. Somos filhos da Grécia e de Roma. Foi em Roma que, para nós hispânicos, tudo começou. Entramos na civilização da mão de Roma e sua romanização. Não podemos evitar a admiração, veneração e saudade por estas origens. Esse modelo histórico é hoje irrecuperável, mas sim, é possível repensá-lo. Além disso, este modelo não desapareceu de repente: sofreu distintas adaptações e manteve, até um tempo relativamente recente, resíduos das suas origens. A função deste pequeno capítulo consistiu em resgatar alguns dos conceitos, tradições e costumes – quase desaparecidos por completo nos nossos dias - que afectaram o casamento e a família no nosso horizonte geográfico. Esta é a nossa Tradição e, portanto, dela deriva a nossa Identidade: do respeito à família.

V

A imigração em 10 pontos

1. A Europa (e, naturalmente, Espanha, país membro da UE) é um continente sobrepovoado. É falso que a Europa necessite de mais população, especialmente hoje quando a tendência é a automatização dos processos de produção industriais e dos trabalhos agrícolas. Portanto, a imigração não é o que a Europa necessita neste momento.

2. A introdução de população estrangeira na Espanha e na Europa, em especial a procedente de outros continentes, tende a quebrar a homogeneidade cultural que sempre existiu no nosso território. A condição mínima para a existência de uma nação é a homogeneidade da sua população. Caso contrário, essa população não gozará de estabilidade.

3. As ondas actuais de imigração são uma consequência secundária da globalização que tende a baratear o custo do trabalho em Espanha. A força de trabalho é um dos factores submetido às leis do mercado. Por isso, pode-se afirmar categoricamente que, quantos mais trabalhadores aspirarem a um mesmo posto de trabalho, mais o valor desse posto tende a diminuir.

4. O mito do progressismo em matéria de imigração é a "integração". Entende-se por integração a aceitação da cultura autóctone por parte do imigrante que conserva, ao mesmo tempo, os seus traços de identidade. A "integração" é um mito voluntarista que até agora nunca alcançou os seus objectivos em nenhum país europeu. A "integração" pressupõe a manutenção da identidade das comunidades imigrantes e, o mesmo é dizer, identidade, dito finalmente, territorialidade: quem tem a sua própria identidade antes ou depois reivindica um território próprio: por isso existem "guetos da imigração". Contra o mito da integração está a exigência de "assimilação": assumir os traços da sociedade autóctone sem discriminação ou grupos à parte.

5. Um país como Espanha onde existem 5.000.000 de desempregados é um país que não precisa de imigrantes, onde qualquer imigrante que chegue disputará o posto de trabalho com um espanhol. O princípio de "preferência nacional" é indiscutível e indispensável nas actuais circunstâncias: primeiro os de casa, quando aqui se alcançar o pleno emprego então será o momento de pensar em abrir as portas a uma imigração legal e gerida a partir dos consulados espanhóis no exterior, e não impondo a política de factos consumados " aqui cheguei e não me vou embora".

6. Somando todos os itens do orçamento que são absorvidos pela imigração (em benefícios sociais, educação e saúde, justiça, prisões, polícia, custos de repatriamento, etc.) sente-se que as despesas decorrentes desta assumem uma laje para os nossos orçamentos e constitui um dos principais factores de gastos públicos.

7. As políticas de imigração mantidas nos últimos 15 anos pelo PP e pelo PSOE baseiam-se no mesmo mito: "queremos uma imigração organizada". O modelo económico de Aznar (ao qual Zapatero deu continuidade sem alterações até que se afundou) incluía salários baixos, imigração em massa e acesso fácil ao crédito. O PP abriu as portas à imigração entre 1996 e 2004 e o PSOE abriu-as à larga entre 2004 e 2010. As políticas de imigração nas comunidades governadas pelo PP são exactamente iguais às aplicadas nas comunidades governadas pelo PSOE.

8. Os dois grandes marcos da imigração em Espanha que geraram os dois " efeitos de chamada" foram, por esta ordem, a reforma da Lei de Estrangeiros de de 1999 e a regularização massiva de Fevereiro-Maio de 2005. Ambas as medidas resultaram no afluxo de ilegais (800.000 em 2004 e 800.000 em 2010...). A reforma de 2005 implicou, além disso, uma regularização massiva permanente: jamais em lugar algum da Europa foi tão fácil estabelecer-se como em Espanha.

9. Existem actualmente em Espanha cerca de 6.000.000 de imigrantes, entre legais e ilegais, registados ou não, e um número indeterminado de imigrantes que se naturalizaram espanhóis por terem ficado durante 10 anos com a permissão de residência e de trabalho que ascendem entre 750.000 e 1.000.000 mais. À medida que o tempo vai passando, o número de cidadãos naturalizados irá aumentar enquanto o número de imigrantes permanecerá constante por causa dos recém-chegados.

10. A única solução para evitar que o problema da imigração seja ignorado e que não há trabalho para todos e que a presença maciça de imigrantes desempregados aumenta exponencialmente a despesa pública, é a repatriação dos excedentes para os seus países de origem. Esta repatriação deve começar pelos imigrantes ilegais, prosseguir com os imigrantes que tenham cometido algum delito em Espanha, continuar com os imigrantes desempregados a longo prazo que já esgotaram os benefícios e as ajudas, estender-se aos grupos que se revelaram estatisticamente mais impermeáveis à assimilação, até reduzir o número de imigrantes ao milhão ou milhão e meio.

www.ingramcontent.com/pod-product-compliance
Lightning Source LLC
Chambersburg PA
CBHW022122280326
41933CB00007B/498